教師は生まれ変わる

教育現場を変える新しい考え方

森口　朗

まえがき――改革の時こそ、「原点」を大切に

安倍政権の誕生により、戦後教育の抜本的な見直しがいよいよ始まりました。本書は、その見直しが少しでもよい方向に行くことを願って書いた本です。

現在の学校では、保守的な立場の人も革新的な主張を有する人も不満だらけです。そして、多くの場合、その不満の矛先は学校の先生に向かいます。

しかし、今の先生方は本当にダメなのでしょうか。

私は、そんなことはないと思っています。学校の現在の苦悩は、明治時代から続く古い「学校」というシステムが、変化の激しい現代社会とミスマッチを起こしていることにあります。

もちろん、そのようなミスマッチは、学校に限らず社会のそこここにあります。

ただ、学校とそれ以外の社会(企業、官公庁、自営業等)との決定的な違いは、当事者(学校職員と児童・生徒)以外の者も高い関心と自分なりの哲学を持っていて、学校の有り様に対して発言すること、デモクラシー社会ゆえにその発言に正当かつ強力な力があることです。

それゆえ学校は、基本スタイルを学制発布から約140年間変えることができませんでし

た。教育哲学を教育基本法施行から60年間変えることができませんでした。

しかし、ついにシステムと社会のミスマッチは臨界点を超えたようです。教育基本法により学校の教育哲学が大きく変わり、教員の資格など学校制度の根幹が変わろうとしています。

本書は、そのような学校激動の時代にあって、教育問題を考察する上で不可欠な視点を提示するものです。

激動する時代にあって大切なことは、何が変わり、何が変わらないのかを見極めることです。例えば、日本の歴史上最大の改革であった明治維新では、欧米列強に伍《ご》する国家になるために「富国強兵」を国是とし、大改革を実施しました。しかし、一方で、大改革を成し遂げるための精神的支柱として、「王政復古」「日本本来のあり方に戻ろう」という考え方を旗印としたのです。

何事であれ、大改革は原点回帰とセットでなければ成し遂げられません。我々は戦後教育の背後にあるマルクス・レーニン主義のせいで、「改革」と「原点回帰=復古」を二律背反するものと刷り込まれていますが、大間違いです。帰るべき原点を持たない社会主義革命は、どの国でも失敗し、虐殺や人権侵害を繰り返しています。我が国最大の革命であった明治維新は、虐殺とも人権侵害とも無縁に日本を近代国家に導きました。

教育改革・学校改革においても、改革と原点回帰の関係に留意する必要があります。

本書では、私立学校も巻き込んだ学校選択の自由を実現する「教育バウチャー制度」の導入を提案しました。さらにそれと並行して、「平成の代用教員」とも言うべき「教員採用試験における資格要件の緩和」も提言しています。

これらは、140年の伝統を根本から覆《くつがえ》しかねない大改革です。

そこで、学校とは本来どのような存在なのかも改めて考えてみることにしました。本書を最後まで読んでいただければ、私の主張が、決して学校の本質を脅《おびや》かすものではないとご理解いただけると信じています。

私は、これまで教員に対しても行政に対しても、必要とあれば厳しい批判をしてまいりました。しかし、それは教育に情熱をささげる先生に対し深い敬意を持ち、国や地域社会に対する愛情を有するがゆえの苦言であると自負しています。

本書においても、その姿勢は変わりません。文中には、先生方に対する不遜《ふそん》な物言いも多々含まれていると思いますが、どれも愛情の裏返しと受け取っていただければ幸いです。

学校システムと社会のミスマッチが解消され、先生たちが再び胸を張り、誇りを持って教育できる日が来るのを願ってやみません。

2007年5月

森口　朗

教師は生まれ変わる　目次

第1章 教員の学力低下とその対策
――競争原理を適切に導入するには

第2章 戦後学校教育の生理と病理

――マルクス・レーニン主義の弊害を打破せよ

第3章 若手教員を生かす現場の知恵

あとがきにかえて

今こそ、学校教育「V字回復」のチャンス

第1章

教員の学力低下とその対策

――競争原理を適切に導入するには

教員が「先生」になったのは、いつからか？

先生がスーパースターだった時代

先生と言われる人はこの世の中に大勢います。教員だけではありません。医師、政治家、作家、弁護士、税理士などは言うに及ばず、夜の街を歩けばどんな仕事をしているか分からない「先生」が大勢います。

でも、「あなたの職業は何ですか」と問われて、「先生です」と答えるのは、おそらく教員だけでしょう。

そう、日本では先生とは教員の代名詞なのです。「何を今さら」と思われるかもしれませんが、わずか百数十年前までは違いました。

学校の前身はご存じのように寺子屋ですが、江戸時代、先生が寺子屋の師匠の代名詞だった訳ではありません。寺子屋の師匠を「師匠」「先生」と呼んだのは、寺子屋に通う子供たちとせいぜいその親くらいのものです。

というのは、寺子屋とは基本的に「読み書き」「そろばん」を教える場所でしたが、当時から、日本は世界トップレベルの文化国家ですから、「読み書き」「そろばん」ができる程度の人は、まったく珍しくありませんでした。ですから、その名が示すとおり、僧侶《そうりょ》も寺子屋を開いていましたが、それだけでなく、食い詰めた浪人や夫に先立たれた商家の女性、さらには小唄の師匠などが片手間で読み書きを教えていました。

そのせいか、初等教育の従事者のステータスは決して高いものではなく、彼らを一般の大人が「先生」と呼ぶようなことはありませんでした(これに対して藩校のような高等教育従事者のステータスは当時から極めて高いものでした)。

ところが、明治時代になって初等教育従事者のステータスは劇的に上昇します。その代わりに、正規の学校の教諭は、師範学校を出た者しかなれないことになりました。

もちろん、最初は師範学校を出た先生などほんの少ししかいませんから、様々な抜け道が用意され、それまでの寺子屋の先生も小学校で教えることができましたが、師範学校卒業生との力量の差は圧倒的で、寺子屋的な小学校は次第に姿を消していきました。

何せ、寺子屋の先生が単に「読み書き」と「そろばん」ができるだけなのに対して、師範学校を出た先生は、絵も描けるし、西洋音符も読める。体操だって教えることができるのです。町や村に迎え入れられた彼らは、まさにスーパースターでした。

もちろん、師範学校はどんどん増えますし、毎年卒業生が出るのですから、師範学校出の教諭の希少価値は年々下がってはきます。それでも明治政府は、明治初期の感覚を維持するために重要な仕掛けをつくりました。

仕掛けの一つ目は、師範学校の授業料を無料にしたことです。

あのスーパースターに、タダでなれるのです。当時の日本は決して豊かとは言えませんから、村で勉強の得意な子供たちはこぞって師範学校を目指しました。村一番の優秀な子供が県の中心にある師範学校に通い、先生になって戻ってくる。この人の循環によって明治時代から敗戦までの約80年間、教員は地域のインテリ階級としてのステータスを維持することができました。

仕掛けの二つ目は、教員の給料の一部を国が負担したことです。

戦後、教員は都道府県職員になりましたが、戦前までは市町村の職員でした。今でこそ、都道府県の職員も市町村の職員も同じ地方公務員という身分ですが、明治時代の初期は、都道府県の職員と市町村の職員では、天と地ほど身分に違いがありました。

それもそのはずです。ご承知のように、都道府県の前身は江戸時代の藩ですが、市町村は江戸時代から「町」や「村」です。つまり、都道府県の役人は、武士がそのまま県に雇われる場合が多かったのに対し、市町村の役人は、「町役人」や「村役人」がそのまま役人になりました。ですから、庶民にとって村の役人というのは、官尊民卑意識の強い明治時代でさえ、さほど「偉い人」「立派な人」ではなかったのです。

そして学校は、その町村が運営する一公的機関にすぎません。しかし、国が給与を一部負担することで、学校の先生には「村役人」とは異質なステータスが生まれます。これが、大人も尊敬する存在としての「先生」のベースになりました。

勉強すればただで師範学校に通えて教諭になれ、村に帰っても国が給料の一部を負担してくれる。このような圧倒的な厚遇により、「先生」は教員の代名詞になったのです。

これからは、尊敬を自分で勝ち取る時代

今でも「先生」は教員の代名詞です。

しかし、残念ながら教員は昔のように社会から尊敬されてはいません。それはある程度仕方のないことです。

高学歴化が進む戦後の日本社会で、ある時期まで教員が社会的尊敬を受け続けてきたことのほうが、むしろ奇跡だったのかもしれません。

現代日本の親が、明治初期の村人と同じように先生を尊敬するはずがないのです。「読み書き」「そろばん」「音楽」「絵画」「運動」、なんでもいいですが、小学校の先生が40人の生徒の両親80名(最近は母子家庭などが少なくないので80名もいないでしょうが)を前にして「これはどの親にも負けない」という教科があるでしょうか。超高学歴化した現代日本で、かつての師範学校を卒業したというような「学歴」や「学力」を尊敬の基礎にしてきた教諭が、尊敬を維持し続けるのはもはや不可能です。

もう一つの尊敬の基礎だった「国」の権威も、がた落ちです。

教員が「教員」という職業に従事しているというだけで尊敬を勝ち取る時代は、終わりました。

教育を論じる人の中には、「昔のように先生を尊敬しなくなったことがいけない」と言う方が結構います。それはそうかもしれませんが、「いけない」からといって尊敬できるものではありません。

せめて先生の悪口は家で言うな、という主張なら分かりますが、それが通用するのも小学校の低学年だけです。小学生も高学年になれば、相手がどの程度の人間かを見ていますから、尊敬できない人を親が尊敬しろと言っても言うことをききませんし、それでも「先生は尊敬するものだ」と言い張れば、逆に親が我が子から信用されなくなるだけです。

教員は、自らの人格によって尊敬を勝ち取るしかない。

よく考えれば当たり前のことです。多くの日本人は、総理大臣でさえその地位だけで尊敬しようとはしないのですから。

なぜ教員の学力は低下したか？

理由①　教員採用試験の倍率の低下

社会的尊敬の獲得はあきらめたとしても、私にはあきらめきれない問題があります。それは今後、予想される教員の大幅な学力低下です。

ここで言う学力低下は、「相対的な学力」の低下ではありません。相対的学力の低下は、ここまで見てきた問題と同じ種類の問題です。大学等に進学する人間がせいぜい5パーセントだった時代（戦前）は、どんな三流大学でも大学を出た人は日本全体から見ればインテリでした。しかし、大学進学率が現在（2007年時点）のように50パーセント近くになると、他に比較して入学しやすく卒業も簡単な大学を出た人をインテリと呼ぶのは難しくなります。

このような現象を「大卒者の学力の相対的な低下」と呼ぶことが可能です。そして、学部卒で免許の取れる教員の相対的学力は、間違いなく低下しています。

しかし、教員の相対的学力の低下は、教員の社会的地位の低下をもたらし尊敬の獲得が困難になりますから、教員自身にとっては問題かもしれませんが、社会にとっては問題ではありません。

私が危惧《きぐ》するのは、教員の学力低下が「相対的」なものではなく、「絶対的」な低下ではないかという点にあります。

小学校の算数の研究授業を見る機会があったのですが、比例の単元で私は驚くべき光景を目にしました。その場に居合わせた先生たちの半数ほどが、「比例」の概念をしっかりと把握していないのです。

ＡとＢが比例の関係にある時は、片方が１・５倍になればもう一方も１・５倍になるのですが、その場に居合わせた先生は「Ａが増えればＢも増える」、そんな大雑把な関係があれば比例関係にあると思っているようでした。

どうして、こんなことになったのでしょうか。

教員の学力低下を考える時に、やはり「教員養成学部」の問題を抜きには語れません。明治時代の師範学校は、先に述べたように村の優等生が進学するところでしたが、戦前、他の中等教育機関(専門学校)が大学という名の高等教育機関に昇格していく中、ついに大学に昇格しませんでした。

もちろん、戦後はすべて大学になるのですが、最後まで大学になれなかった歴史が、戦後になって教員養成学部を格下の学部と考える風潮を生み、それが戦後60年以上経った今でも続いています。

それでも、教員の学力をさほど心配する必要がなかったのは、教員採用試験が極めて高倍率であったため、

(1)教員養成学部の学生は入学後もまじめに勉強したこと

(2)その中で勝ち残った者だけが教員になれたこと

の二点によるものでした。

ところが、ここ数年で都会の教員採用試験はどんどん低倍率になってきました。これは、大量に採用された世代が定年退職を迎えつつあるからです。さらに、2007年から団塊の世代の大量退職が始まると、現在は都会だけに限られている教員採用試験の倍率低下が、全国に広がると予想されます。

さほど難易度が高いとは言えない教員養成学部の偏差値を、学生時代の勤勉さと採用試験

の高倍率がカバーするという構図が崩れようとしているのです。

そうなると、戦争直後のように「デモシカ教師（教師にデモなるかと考えた志の低い者や教師にシカなれない変わり者）」が発生するのは明らかです。戦争直後は、大学が大量発生し「駅弁大学」などと言われましたが、それでも、大学進学率は10パーセント前後にすぎませんでしたから、志は低くても「デモシカ教師」も学力だけはある程度信頼できました。

しかし、平成の時代に低倍率化した教育採用試験を通過して誕生する教師たちには、一般国民と比較した時の相対的な学力優位性が存在しません。

理由②　「新学力観」の登場

さらに困ったことに、現在の学校は、教員に従来よりもはるかに高度な学力とそれに裏打ちされた授業力を求めるようになりました。

二昔前の学校というのは、公文式と大差ありませんでした。先生は、教科書を素直に教えることが求められていたのです。

中には組合活動に熱心で、教職員組合と関係の深い研究者の推奨する授業（仮説実験授業

〔注1〕や水道方式算数〔注2〕など）ばかりやって教科書を使わない教員もいましたが、そういう教員はどちらかというと、校長や教育委員会からすれば「困った存在」でした。

ところが、1980年代になって「新学力観」という考え方が登場し、教員に求められる授業力がガラッと変わりました。それまでのように、子供に興味がわくかどうかを考慮することなく教科書を教える手法が、「古くさい」と断罪されてしまったのです。

新学力観とは、知識や技能を重視する従来の学力の捉え方を「旧学力観」と規定し、これから重要なのはそういった固定的なものではなく、児童・生徒の思考力や問題解決能力を重視していこうとする考え方です。この主張そのものは、あながち間違ってはいないのですが、学校現場では、それが知識や技能の軽視という形で表れました。

「教員は生徒の興味・関心をかき立てるような授業をしなければならない。大切なのは知識の多寡《たか》ではない。知識を詰め込むような授業は最低だ」

これが、新学力観という立場からの教師に求める授業でした。

子供に勉強を教えた経験のある人ならば誰でも分かると思いますが、相手の興味・関心などおかまいなしに公式を教えたり、音読させたりすることはさほど難しいことではありません。それに対して生徒の興味・関心を持続させながらモノを教え続けることは、並大抵の知識ではできないのです。

こうして多くの教員が「あなたの授業は古い」と断罪され、適当に目新しそうな授業をしてお茶を濁すうちに、どんどん学校が「学力を向上させる場」から遠ざかっていきました。せめて、適切な例を示すことができればよかったのですが、新学力観などという訳の分からないことを言い出した文部省(当時)も教育委員会も、実際には何の模範も示せませんでした。

当たり前です。新学力観を言い出した文部省は、本当の意味の学校現場を知りません。彼らが知る唯一の「学校現場」は国立大学の付属学校なのです。ここでの授業は、確かに子供たちの興味・関心にいかに応えようとするかを追求したものばかりです。国立大学付属学校に通う生徒のほとんどは、学校より進度の早い塾に通っていますから、先生が今さら「知識の詰め込み型」授業をしても、子供たちに得るものは何一つありません。また、教科書を少しくらい飛ばしても、落ちこぼれる心配はありません。そこで、先生たちは安心して日々おもしろおかしい授業の工夫ができるのです。

ついでに言うと、国立大学付属学校では生活指導の苦労もほとんどありません。公立学校とは抱える課題がまったく異なるのです。

そんな国立大学付属学校の「研究成果」を、新学力観と呼んで公立学校に押しつけました。

これでは公立学校はたまりません。公立学校には、勉強にまったく興味も関心もない子が大勢通っています。教科書の一部分をやらなければ、多くの子供は省いた部分が分からなくなり、落ちこぼれが発生します。そして、一度落ちこぼれた子供は、ますます勉強に興味も関心も示さなくなります。

新学力観のせいで、学校はすっかり「お遊びの場」に変容し、落ちこぼれは増加し、塾と学校の関係が逆転しました。塾産業そのものは、1970年代から盛んでしたが、最初は学校を補完する存在でした。いわゆる補習塾です。ところが、新学力観が登場したことで、塾は学力向上のための主役になったのです。

2007年現在、塾と学校の関係をどうするかという問題が、教育正常化のための大きな課題になっています。教育再生会議の委員長でノーベル賞学者のR・Nさんのように、「塾を禁止しろ」などと非現実的なことを言う人もいますが、過去の経緯を理解した上で対策を立てなければ、すべて絵に描いた餅《もち》で終わるでしょう。

（注１）生徒に仮説を選択させ、実験で確かめさせる過程で知識の定着を図る授業スタイル。
（注２）タイルなど、具体的な物を触りながら計算の仕組みを理解する学習方法。

「勉強」より「人気」という価値観

そして、学校において、どんどん「勉強」が価値あるものでなくなっていきました。

団塊の世代よりも上の元教員と団塊の世代以降の教員、双方と接していて両者に大きな違いを感じるのは、「勉強に対する姿勢」です。

前者は明らかに「勉強＝善なるもの」という感性を強く持っています。

これに対して後者の中には、「勉強などできなくても人間的な優しさやたくましさがあればいい」など、勉強よりも重要な価値があることを強調する人が多いのです。

勉強は一生涯必要なものです。私は、学ぶ姿勢をなくした人はもう半分人生を終えたようなものだと思っています。逆に言えば、学ぶ姿勢をなくさない方は、70歳になっても80歳になっても若々しく美しくて、「いくつになっても青春」という言葉を思い出させてくれます。

ですから、上の世代のほうが「勉強＝善なるもの」という価値観を持っていることは当然です。しかし、人間の価値が勉強だけで測れないのもまた当然すぎる真実です。学校という場以外なら「人間の価値は勉強の出来・不出来では決まらない」という発言をするほうが「人間はいくつになっても勉強が大切です」と発言するよりも、はるかに「いい人」と思われるでしょう。

問題は教員というポジションにある方が、どちらを強調することが健全であるかです。その意味で私は圧倒的に前者を支持します。皮肉な言い方をするなら、団塊の世代よりも上の元教員たちは、辞めても「先生」であるのに対し、団塊の世代以降の教員は、現職の時でさえ「先生」である前にまず「いい人」と思われたいのではないでしょうか。

誰でも「いい人」に思われたいという気持ちを持っています。でも、職業によってはその気持ちをグッと抑えなければなりません。教員もそういう職業の一つのはずです。

小学校（最近は中学校も）の4月の始業式は、教員にとってある意味残酷な式です。子供たちはそこで自分のクラス担任が誰かを知るのですが、誰が担任になるかで歓声が上がったり静まり返ったりします。

誰が担任になるかで歓声を上げたりするのは、決して道徳的に誉められた行為ではありませせん。それゆえ昔気質《むかしかたぎ》の教員などの中には、威嚇《いかく》するように子供たちを睨《にら》みつける人もいましたが、最近はめっきりそういう教員も減りました。逆に、自分の時に歓声が上がって嬉《うれ》しそうにしている人さえ増えてきたようです。

「勉強」より「人気」という価値観が子供たちに根づいて久しいのですが、最近は、それが教員にまで波及しているのです。

学びから逃走する教員

話は変わりますが、私は昨今のマスメディアの「教員叩《たた》き」には反対の立場をとっています。性犯罪を犯すような問題教員がマスメディアに取り上げられ、あたかもそんな教員がざらにいるかのような報道には怒りさえ覚えます。全国には約100万人の教員がいるのです。その中には変な人間もいるでしょう。しかし、約100万人の教員の中で警察につかまるような人はほんのわずかです。そして、ごく少数の不良職員はどんな職業にも紛れ込んでいます。

彼らを必要以上に尊敬する必要はありませんが、困難な問題に日々対応している教員に、社会は一定のプラス評価を与えるべきであると常々思っています。

しかし、そんな私でも「教員が（一般社会人・他職種の公務員と比して）勉強熱心である」とはお世辞にも言えません。

確かに、教員が勉強すべきことは山のようにありますし、見ていて頭が下がるくらい勉強熱心な教員も大勢います。しかし、その一方で、勤務時間中以外まったく学ぼうとしない教員も大勢いるのです。

幸か不幸か、彼らには勤務時間中に勉強する権利と義務が与えられています。しかし、それが逆に「勉強＝仕事」という感覚を植えつけ、「極めて勉強熱心な教員」と「学びから逃走する教員」に二分しているのではないでしょうか。

さらに彼らには、授業の研究を行うことも職務として位置づけられていますが、その職務をまったく果たそうとしない者も少なくありません。

所与条件と課題の分離

ここまで、どれほど教員の学力が危機的状況にあるかを見てきました。

私たちは、このような危機に対してどうすればよいのでしょうか。それが本章のテーマです。その方策を考える前に、もう一度ここまでの議論を整理しておきましょう。

(1)初等教育に従事する者が、どんな社会でも常に尊敬を得られるとは限らない。

(2)しかし、明治国家の「仕掛け」により、日本の教員は社会的尊敬を獲得し、優秀な人材を確保してきた。

(3)だが、戦後(主に高学歴化が原因で)教員の社会的尊敬は低下し、相対的学力も低下している。

(4)都会では教員採用試験の倍率低下により、「絶対的」に学力が低い教員が生まれるリスクがあり、団塊世代の教員の大量退職によりそのリスクが全国に広がる危険性がある。

(5)にもかかわらず、「新学力観」以降、教員に求められる学力は極めて高いものになっている。

(6)現実は、「新学力観」のせいで「学ぶ場」の主役は学校から塾に代わり、一方、大勢の教員が学びから逃走している。

危機に対処するためには、何が所与条件(変更不能)で何が課題(変更可能)であるかを峻別《しゅんべつ》しなければなりません。

社会の高学歴化、これは変更不能です。もちろん、政府が強権を発動して大学進学を制限すれば可能ですが、そんな政策は、毛沢東時代の中国くらい強権的な政府でなければできません(もちろん、するべきではありません)から、現実的には所与条件と捉えるべきです。

次に「団塊世代の教員の大量退職」。これも変更不能と考えるべきです。

教員の学力問題で所与条件と捉えざるを得ないのは、この二つくらいです。

子供の興味・関心を重視しすぎる「新学力観」と、その影響により変わってしまった授業スタイルを元に戻すことは、行政が明確な意思決定さえすればたやすいことです。

学びから逃走する教師の問題は、2007年現在ホットな政治的テーマになっている、教員免許制の中で解決可能な課題です。

最も難しそうな「相対的な学力低下」や「社会からの尊敬」の問題にしても、教師と同様に戦前は「専門学校卒」でなることのできた医師には、相対的な学力低下も起きていませんし、彼らは社会の尊敬もある程度維持していますから、解決の糸口はあるはずです。

ここまで、「最近の教員はダメだ」といったトーンで現在の危機を説明してきました。でも、私は常に現場の教員にエールを送るつもりで本を書いています。実際、今の学校現場は疲れきっていますから、現場で戦う教員を励まさない言動は有害でしかないのです。話がずれてしまいましたが、大切なのは「所与条件と課題の分離」です。冷静にそれを行わない限り有効な施策は打てません。

「ゆとり教育」より悪影響の強かった「新学力観」

いまだ消えない深刻な後遺症

2006年に安倍政権が発足し、「教育再生会議」が設置され、2007年現在、極めてスピーディーに教育改革が行われています。これは基本的には喜ばしいことです。

「いじめの緊急提言」を見た時は、心底がっかりしましたが(特に、出席停止に触れられていなかった点についてですが、これについては拙著『いじめの構造』で解決方法を明示しました)、それ以外は予想以上の大健闘です。

教育基本法の改正や学校教育法、教員免許法の改正への動きなど、政権そのものの成果もさることながら、教育再生会議で「ゆとり教育」との決別を明言したことは素晴らしい成果だと思います。

私は、このこと一つでも教育再生会議を立ち上げた意義があったと評価しています。せっかく政治の力で教育が大きく舵《かじ》を切ったのですから、これを機会に改めるべき点はすべて改めておくことが大切です。教育改革に政権が本気で取り組み、国民の関心の高い今こそ、50年、100年と耐えられる基本枠組みをつくる絶好のチャンスなのです。

そこで、「ゆとり教育」に続いて公立学校から駆逐しておくべきなのが、先ほどから出ている「新学力観」です。私は拙著『偏差値は子どもを救う』でも詳細に論じましたが、1990年代末期に登場したゆとり教育よりも、1980年代に学校を席巻《せっけん》した新学力観のほうが、より本質的問題であり、学校・教員・生徒に対する悪影響は強かったと思っています。

具体的に言いましょう。新学力観で一番ダメな授業は、今はやりの「百マス計算」のようなものを授業中にやらせることでした。とにかく、学校で計算プリントをやらせたり、漢字の書き取りをさせたりする基本的な行動が、一切評価されなくなったのです。

最近は「基礎・基本の徹底」という言葉が流行ですから、新学力観は影を潜めたように見えますが、そんなことはありません。今でも授業研究はもちろん、日常的な保護者参観でも、教員たちはなんとか子供たちの「興味・関心」に応えようと努力を重ねています。

確かに、学力低下批判のおかげで百マス計算的な基礎訓練をさせる学校は増えましたが、今でも教育関係者(教育委員会・校長・教諭、すべての段階の人たち)は、味気ない基礎・基本の訓練よりも「子供の興味・関心に応える授業」のほうが上等なものだと思っています。その証拠に、研究授業などで基礎訓練の手法を紹介し、どれをやればどれだけ成果があがったかという報告はほとんどありません。

相も変わらず、

「こんな導入を行ったら、子供たちも課題に興味を持ったようです」

「自分たちで調べ学習をする中で、課題への関心は一層高まりました」

「目がきらきら輝きました」

という新学力観ノリの報告ばかりです。

「百マス計算とトランプ計算(注)では、どちらの手法で計算練習させるのがより早く習熟するか」

「漢字学習は、同じ字を1日に10回書かせるのと、1回ずつ10日間書かせるのでは、どちらが早く覚えるか」

といった実践的な報告をやろうものなら変人扱いを受けるでしょう。なぜなら、「基礎・基本の徹底」という言葉だけは言われるようになりましたが、皆が「興味・関心を持つ」ことを目指す新学力観的思考が抜けきらないからです。

(注)トランプ計算とは、トランプを適当に切って一枚一枚めくりながら、その数字を足していくという計算練習方法です。全部足し終わって364になっていれば正解というもので、百マス計算との決定的な違いは、机の前に座らなくても計算練習ができることです。筆者=森口が考案したものですが、『ドラゴン桜』で取り上げられたことで今では全国的に普及しています。

フィクションがまかり通った1980年代

私はこれまで大勢の高学歴の人間に出会ってきましたが、どの教科にも、どの分野にも興味・関心を持っていた人間には出会ったことがありません。そんなものは実現不可能な理想にすぎません。

文部省が1980年代に公立学校に目指させたのは、結論としてそういう人間をつくれと言うことに等しかったのです。文部省の役人がそこまで愚かだったとは思えません。でも、信頼関係を失った組織では、トップの指導・命令が下に行くほど大げさに仰々しく扱われ、結果的に非現実的なものになるのです。

文部省の言い訳がどのようなものかは知りませんが、新学力観が席巻した1980年代には、学校現場では単純で退屈な基礎的スキル抜きに、

大前提:「上手な授業により、どんな子供も勉強に興味・関心を持つようになる」
小前提:「興味・関心さえあれば、どんな勉強もできるようになる」
結　論:「上手な授業により、どんな子供も勉強ができるようになる」

という誰も信じていないフィクションがまかり通っていました。

そして、学校はその後遺症から抜けきれていません。

基礎・基本の練習など味気ないのが当たり前です。計算プリントや漢字の書き取りを嬉々《きき》としてやる子は少数派なのです。単語帳をつくって英単語の語彙《ごい》を増やすのに、みんなが「英語に興味があるから勉強がはかどる」という状態を夢想するのは絵空事です。

嫌だろうが何だろうがやるべきものはやらせる。基礎・基本の習得に興味も関心も関係ない。もちろん、筋のよい子は、基礎・基本の習得の段階で勉強のおもしろさに気づくでしょう。でも、そんな子供ばかりではありません。勉強嫌いのまま大人になる子供だって、きっといるはずです。

しかし、勉強嫌いな子供だった大人が、嫌々やらされた勉強に救われる場面はいくらだってあります。

漢字が読めなければ就職はままなりません。複利計算ができない人は、複利計算をきちんとできる人よりも借金まみれになるリスクが高いはずです。

高学歴社会は学歴の価値が下がる社会ですが、同時に学力がないと生きづらい社会でもあります。そんな時代だからこそ公立学校は、「勉強のセーフティーネット」として勉強嫌いの子供も射程に入れなければならないのです。

「弱者のための強制」が現実的

「興味・関心に添って」は強者の論理

「勉強のセーフティーネット」という言葉をあえて使ったのは、「弱者のための強制」を強調したかったからです。

教育に限らず世の中の議論を見ていると、あたかも「強制＝悪＝強者の論理」「自由＝善＝弱者の論理」という発想の方が（知識人と言われる方々にも大勢）いますが、その思考の薄っぺらさにはあきれるばかりです。

「弱者のための強制」というのは多く見られる現象です。国民健康保険、国民年金、失業保険など、枚挙にいとまがありません。

勉強でも同じことが言えます。

「子供の興味・関心に添って授業をする」というのはいかにも心地よい言葉ですが、実際には勉強に興味も関心も持てない子供をどんどん落ちこぼれにし、それを本人の責任に帰《き》してしまいかねません。

多くの人はそこまで論理的に突き詰めないので、「誰もが興味を持てるような授業ができない教師が悪い」ということにして、落ちこぼれ問題に蓋《ふた》をします。

そんなことを言う人には、「自分でやってみろ」と言いたい。

現在(2007年時点)の公立学校ほど学力水準がバラバラな学校で、すべての子供の興味や関心に応える授業などできるはずがありません。もちろん、瞬間的には可能な授業もあります。例えば、杉並区の和田中学校・藤原校長が提唱する「よのなか科」などは、幅広い学力層の興味・関心に応えることができるでしょう。

しかし、「よのなか科」だけでは学力はつきません。

「弱者のための強制」という厳しい現実に目を向けることが、教育正常化の第一歩です。

強制の復活の重要性

「強制＝悪」と考えるのなら、古典的なアメリカ社会のように結果責任はすべて自分が負うべきです。しかし、我が国の「強制＝悪」論者は大抵の場合、「自己責任否定論者」でもあります。

それでは、ただの「我がままな子供」です。

私は、大人の社会は基本的に自由主義的(行動は自由、結果は自己責任)であるべきだと思っています。そうでなければ人々は幸せになれません。すべてを強制される世の中で衣食住が足りても、多くの人は喜ばないでしょう。

それでも、大人社会すべてが自由主義であるほうがよいとまでは言いきれません。アメリカのネオコンが目指すような社会を、多くの日本人は望まないはずです。あえて意識しないだけで、おそらくほとんどの人が、国民健康保険や国民年金、失業保険といった強制的な制度が社会のセーフティーネットとして存在する社会のほうが、弱者がたちまち貧困に転落する社会よりもずっとよいと思っているはずです。

義務教育による間接強制的な教育も、また必要です。

ここで「間接」と書いたのは、実は義務教育は「国家が教育制度を整える義務」であり「親が学校に行かせる義務」でしかなく、子供を学校に強制的に行かせる制度ではないからです。

義務教育の「義務」は、戦後一貫してこのように理解されてきました。

ただし、現実には子供は学校に行くものだという「社会的な強制」がしっかりと根づいていました。

ところが、不登校が社会的に注目されはじめると、「学校に行かない生き方」が子供の権利として主張されるようになりました。この考え方の転換を主導したのは、奥地圭子氏という元教員で子供が不登校になった方でした。「東京シューレ」というフリースクールを立ち上げて、全国の不登校児のある種のあこがれ的な存在になりました。

その上、ゆとり教育の推進役であった、当時文部省の寺脇研氏が「嫌なら学校に行かなくてよい」という見解をマスメディアで声高に主張しはじめました。

学校内では先ほど紹介した「新学力観」が力を持ち、それまでの「押しつけ的な」授業が否定されていました。その上、義務教育の根幹である「学校に通う」ことの強制性を否定されたのですから、もはや学校は、青少年用の保育園になるしかありませんでした。

ですから、現在の学校の体《てい》たらくを立て直すためには、二つの強制「子供は学校に通うべきである」と「学校では勉強することを強制されるものである」を復活させる必要があります。

「自由」と「平等」を調和させる施策

ただ、残念ながら私は、学校とりわけ公立学校が昔のような「学舎《まなびや》」として甦《よみがえ》ることは、もう今の制度のままでは不可能ではないかと思っています。

２００７年現在、東京都では私立中学校を受験する子供の割合が約30パーセントと言われています。

そこでは、公立学校に通う子供が「普通の子供」で、私立学校に通う子供が「特別な子供」というかつての常識は通用しません。どちらもごく「普通の子供」です。だから、義務教育といっても、都会ではだんだん「この学校に通いなさい」といった強制は通用しなくなってきています。そうなると今度は、「私立に通える子供だけが、学校を選択できる権利を有するのは平等原則に反するのではないか」という感情が生まれます。

また、一方では「私立学校もしょせんは『学校』であるから文部科学省の学習指導要領に縛られる。しかし、それでは真のエリート教育はできない。文部科学省は縛りを外すべきだ」とか、「これまで認められなかったシュタイナー教育を行う学校も私立学校として認めてほしい」といった主張が出てくるかもしれません。

さらに従来のフリースクールからは、「フリースクールでも学校に負けないくらいレベルの高い授業をしている。そこで学んだことも単位として認めてほしい」と、ありとあらゆる要求が噴出し、もはやどう収拾をつければよいのか分からない状態になるでしょう。

早晩アメリカのように「親の教育権をもっと幅広く認めるべきだ。私は一人で今時の教員よりもずっと高度な教育を施すことができる」と主張する親も出てくるでしょう。

このような「自己責任」を前提とした「自由」への要望を拒否する理由はないはずです。私は必ずしも、昨今の自由化路線に対して諸手《もろて》を挙げて賛成する訳ではありませんが、平等志向が強すぎた戦後教育を是正するためには、ある程度自由化路線へ舵を切る必要があります。

もちろん、誰もが能力に応じた教育を受ける権利というものは保障しなければなりませんが、完全な自由という訳にはいきません(完全自由化は、教育に熱心でない親のもとに生まれた子を不幸にしかねません)。

そこで、「学校選択制」は自由と平等が調和する施策として、今後ますます国民に支持されていくでしょう。

「教育バウチャー制度」の効果的な取り入れ方

教育バウチャー制度の魅力

事実、2000年以降に東京の品川区と日野市で始まった公立学校の選択制は、住民の支持を得てどんどん広がっています。

この勢いは、やがて全国に広がるでしょう。それだけではありません。学校選択の対象は公立から私立へ、場合によってはフリースクールまで拡大するかもしれません。

あまり賛成してくれる人はいないのですが、私は、公教育の問題を考える時に一番大切なことは、これ以上税金をかけずに、いかに学校をよくするかを考えることだと思っています(だから30人学級には大反対です)。

現在(2007年時点)でも公立学校の子供たちには、1年間に一人当たり約100万円の税金が使われています。小中高と12年間公立学校に通えば、その子供には1200万円もの税金が投入されたことになります。私立にも学校によりますが、子供一人当たり数十万円が補助金の形で流れています。

それだけのお金をかけて、高校を出ても分数計算さえできない人間が大量に出現しているのです。

成人しても結婚しない、結婚しても子供を持たない。よい悪いは別にして、現代人の生き方がこれほど多様化している中で、教育効果がどんどん低下している学校教育に、これ以上の税金を投入するのは無駄遣いでしかありません。

このような状況を一気に改善する政策として、いよいよ「教育バウチャー制度」の導入が現実味を帯びてきました。

これは、アメリカのミルトン・フリードマンという経済学者が言い出した制度です。学校教育に限定したクーポンを保護者に配り、学校は、受け入れた生徒数に応じて補助金を受け取ります。クーポンを受け取る保護者の学費負担が軽減されるのはもちろん、学校はより多くの生徒を受け入れるために競争を始めるので、結果的に教育の質が向上するというシステムです。

これによって裕福な親の子供だけでなく、貧しい親のもとに生まれた子供にも学校を選択する自由が与えられます。

一斉学力テストの実施と結果の公表が不可欠

教育バウチャー制度の効果は、貧しい親のもとに生まれた子供も私立学校に行けるというだけではありません。すべての学校が強烈な競争にさらされるのです。

「子供の興味・関心に寄り添った授業」などというきれい事は、この制度によって木っ端みじんに吹き飛びます。

どんなきれいな言葉も事実の前には無力です。どれほど立派な教育論を述べようが、その学校が落ちこぼれを量産しているのなら駆逐されます。

ただし、そのためには教育バウチャー制度だけでなく、「一斉学力テストの実施」と「その結果の公表」が不可欠です。

公立学校内の学校選択制を推進した品川区では、それに加えて一斉学力テストと結果の公表も行いました。他の多くの自治体は、住民受けのよい学校選択制だけを導入し、他の二つを行いませんでした。これでは学校を選ぶ際に、最も重要な材料がなくなってしまいます。

私が品川区の教育改革を圧倒的に支持する理由は、そこにあります。他の自治体の改革と品川区の改革では、「哲学の有無」という点で決定的に異なるのです。

その「選択」「一斉学力テスト」「結果の公表」をセットにした教育改革を、私立も巻き込んで行うのが教育バウチャー制度です。これが導入されれば、学校は大競争時代に突入します。

大競争時代では生徒の学力だけでなく、「いじめ対策」「不登校対策」「教員の授業力」「教員の学力」など、あらゆるファクターが競争を勝ち抜くために必要になるでしょう。

つまり、いよいよ口先だけでなく、学校は本気で様々な病理現象と戦わなければならなくなるのです。

ただし、教育バウチャー制度は、義務教育制度にとって誕生以来最大級の改革ですから、安易な導入は避けなければなりません。そこで、外国の例も挙げながら教育バウチャー制度をもう少し詳しく紹介しましょう。

「自由」と「規制」は表裏一体

我が国では、導入に賛成する人も反対する人も、教育バウチャー制度の「自由」という面だけを強調します。

賛成する人(私は基本的にこの立場です)は、「教育バウチャー制度によって親や子供は学校を選択する自由を得られる。それは学校に競争原理を導入することであり、その競争圧力により学校(特に公立学校)がよくなる」と考えます。

これに対し、反対する人は「自由競争が学校間の格差を生み、それが社会の階層化を促進する。だからこの制度は導入すべきでない」と主張します。

これでは、自由主義がよいか社会主義がよいかという議論をそのまま学校制度にスライドさせただけです。

確かに、教育バウチャー制度を初めて理論的に主張したミルトン・フリードマンという人は、ガチガチの自由主義者ですし、教育バウチャー制度が自由主義を前提としていることも事実です。

でも、それでは自由主義国家がすべて教育バウチャー制度を導入しているかというと、そんなことはありません。教育バウチャー制度を導入しているのは、世界の国・自治体の中でアメリカの一部の州、イギリス、オランダ、ニュージーランド、チリ、スウェーデンの一部の自治体など、少数派でしかないのです。しかも、イギリスのように労働党が政権をとった途端に教育バウチャー制度を廃止する国もあります。

また、忘れてならないのは、教育バウチャー制度を導入するに当たっては、バウチャーを受け取る私立学校に対して、相応の規制を課すことにもなるという点です。

特に問題になるのは、学費と入学選抜です。

通常、私立学校は子供から学費を取って運営していますが、教育バウチャー制度を導入した国・州では、私立学校への寄付は認めても、私立学校による学費徴収は認めない（スウェーデン、チリ、アメリカ・ミルウォーキー州）、あるいは、学費は定めても強制徴収は認めない（オランダ、ニュージーランド）というところが少なくありません。

また、教育バウチャーに参加する私立は、入学する者を自由に選抜する権利を失います。定員を超えた時の選抜方法としては抽選を義務づける例が多数派です。抽選以外の選抜手段も、せいぜい兄弟がいる子供や通学時間の短い子供が優先される程度です。

日本の私立中学校のように、学力試験を課して上位の子供を入学させる訳にはいかなくなるのです。まして一部の私立小学校のように、「知能指数」「コネ」「家柄」「寄付金」の総合力で入学選抜するなど、もってのほかです。

公立学校同様に税金を投入されるということは、公立学校同様に「公正さ」が要求されるということです。一人当たりの税金投入額が公立学校よりも少額とはいえ、収入の数割を補助金に依存しつつ「学校運営の自由」を謳歌《おうか》する我が国の私立学校は、甘やかされた存在と言えるでしょう。

また、元文部科学大臣の中山成彬《なりあき》氏の信念と尽力により、全国一斉の学力テストが復活しましたが、私立学校が教育バウチャー制度に参加する限り、学力テストへの参加とその結果情報の公開も義務づけるべきです（これは公立学校にも言えます。２００７年現在は、公立学校でさえ結果情報の開示が義務づけられていません）。

公立と私立を同時に再生させる効果が

また、教育バウチャー制度を議論する場合、私立学校にその制度への不参加の自由を与えておく必要があります。すべての私立学校に本制度への参加を強制することは、非現実的なだけでなく、反社会的ですらあります。

もし、すべての私立学校に教育バウチャー制度への参加を強制し、世界標準並みに選抜の自由を取り上げるならば、それは「毛沢東時代の中華人民共和国」か「美濃部都政」並みの悪平等政策であり、我が国の人材が枯渇することは目に見えているからです。

教育バウチャー制度を実施していた時代のイギリスでも、パブリックスクール（イギリスのエリート養成学校）は、本制度には一切参加していません。日本でも開成・麻布・武蔵などの一流進学校、あるいは慶應・早稲田をはじめとした有名大学の付属校が教育バウチャー制度に参加する必要などまったくないと思います。

それでも、私が教育バウチャー制度を支持するのは、この制度が、「青少年用の保育園」と化した公立学校と、入学者集めに四苦八苦し、「親の言いなり施設」と化した定員割れ私立中学校を同時に再生するからです。

首都圏や近畿圏の一流中学校の受験報道ばかりが世間にあふれているために、あまり知られていませんが、首都圏の私立中学校には毎年定員が埋まらない学校がごろごろあります。そんな学校がつぶれないのは、私立学校が、補助金で運営される「事実上の公営学校」だからです。

さらに困ったことに、運営費に占める補助金の比率は、小中高の場合、入学難易度にほぼ反比例しています。つまり、人気のない学校ほど事実上の公営学校となっていて、大学と違ってほとんどつぶれる心配がありません。

なぜそのようなことが起こるかを説明しましょう。大学の場合、補助金を決定する際には、教授の研究レベルが問われます。研究レベルと大学入試の難易度には強い相関関係がありますから、結果的に、一流大学により多額の補助金が出る仕組みになっているのです。

これに対して、小中高の場合、入学難易度に比例するのは一流大学への進学実績です。そして、一流大学への進学実績が補助金算定に当たって考慮されることはありません。

これはある意味当然で、大学や大学院といった、本来エリートを育てるべき高等教育では、より優秀な者に対して補助を出すべきですが、初等中等教育において、才能に恵まれた者とそうでない者で税金投入額に差を設けるべきではありません。なぜなら、先進国において初等中等教育には、国民が平等に享受すべきセーフティーネットの側面があることを否定できないからです。

ただ、学校運営に目を向ければ、現在の補助金制度は経営努力を怠っている(その結果として例年定員が埋まらない)私学に対しても多額な税金を投入しており、「悪平等」と言われても仕方のない面があります。

もちろん、毎年定員割れを繰り返すのは、その学校法人にとって不名誉なことですから、なんとか生徒を集めようとしています。でも、その結果、息子・娘を甘やかすだけの親の言いなりのような学校が増えているのも事実です(その中には「自由教育」で名を馳《は》せた学校もあります。昔はしつけを売りにしていた女子校もあります)。

「教育バウチャー制度には、公立学校と定員割れ私立学校を競争させることで双方を活性化させる力がある。それを利用しよう」というのが私の主張です。

ただし、何度も言いますが、教育バウチャー制度は義務教育制度の根幹を覆すと言ってもよいくらいの劇薬です。世界的に見てもまだ20年程度の歴史しかなく、どのような副作用があるのか予想がつきません。

ですから、首都圏・近畿圏・中京圏といった大都市、特に公立学校の崩壊が激しい近畿圏か、私立学校の定員割れ状況の著しい首都圏で試験的に導入してみるのがよいでしょう。幸い現在の日本には特区という素晴らしい枠組みがありますから、それを利用して試験的に導入することが可能です。

「教員免許の緩和」も組み合わせて教員の学力低下を解決

新規参入障壁を取り除け

さらに、教育バウチャー制度導入と「教員免許の緩和」を組み合わせることで、本章のテーマである「教員の学力低下」も解決されます（この実施も特区でもかまいません）。

なぜ、教員免許の緩和が教員の学力低下を解決するのか。そのメカニズムはこうです。

本章の最初のほうで見てきたように、教員の学力低下の原因は、社会の高学歴化と「教員養成学部」の地位が他学部に比較して低いという根本要因に加え、教員採用試験の高倍率という修正要因が働かなくなった点にあります。

しかし、それはあくまで現行（２００７年時点）の教員免許制度を前提にした議論でした。

教員という職業は、免許システムのせいで他職種から新規参入しづらい職業です。

このような職業は他にもたくさんあります。

代表的な職業は医師です。医師に限らず医療系の専門職はすべて免許取得に多大な労力を要するので、他職種に就いた者が、成人した後で医療従事者になることは非常に困難です。医療従事者は人の命に関わる仕事ですから、ちょっとしたミスも許されません。だから、免許のハードルを高くして習熟した者だけがその職業に就けることに意義があるのです。

では、教員はどうでしょうか。

こう言っては何ですが、多少のミスが命取りになることはありません。それに、そもそも教員免許は、中学や高校なら教員養成学部以外の者でも、多少単位を多めにとる程度で取得できる資格です。

何も免許制度という参入障壁を高く設定して、低学力の者だけに競わせておく必要などないのです。

ここで読者の方々は疑問を持つかもしれません。「そもそも教員養成学部の偏差値が低いのは、教員という職業に魅力がないからではないか。魅力があるならば、医学部のように教員養成学部も高偏差値になるはずだ」と。

この主張には一理あります。しかし、大人と18歳の子供では世の中に対する経験値が異なり、判断材料や判断能力が異なるという点を忘れています。

新規参入障壁さえ除いてやれば、教員という職業は決して魅力のない職業ではありません。有能なビジネスマンや行政マンの中にも、価値観の異なる世界で、もう一度自分らしさを見つめ直したいという方は大勢います。免許制度という新規参入障壁さえなくなれば、そういう人たちが大挙して教員になろうとするでしょう。その証拠に「民間人校長」には、本当に優秀で立派な経歴をお持ちの方々が応募しています。しかも、どの県でもすこぶる高倍率です。

校長にできて一般教員にできないはずがないのです。現行の法制度では校長は教員免許不要ですが、教員には教員免許が必要なために「民間人教員」の募集ができないだけです。

「代用教員制度」を見習え

私は、

(1)教員採用試験に「免許」の有無を問わない。

(2)私立では年齢要件を問わない(公立学校の場合は地方公務員の定年制との関係で正規

職員は60歳未満)。

(３)公立学校の60歳定年制度は維持するけれども、定年後は給料をガクンと下げて能力の続く限り再雇用できる(能力の実証は毎年資格更新を義務づけることで可能)ことにする。

の三点セットの導入を提言します。

これらが学校に与える影響は劇的です。

この三つを導入するだけで、教員の学力低下は解決できます。

「教育予算を増額すべきでないという主張」も実現できます。

「教員数の急激な減少(いわゆる２００７年問題)」も恐れるに足りません。

教育バウチャー制度と教員免許の緩和(採用時は不要とし、一定年限以内に取得を義務づける)で、現在のほとんどの問題は改善に向かうでしょう。

実は、教員免許制度の緩和(ほとんど無免許の者を教員にした)例は以前にもあったのです。

それは戦争直後の「代用教員」という制度でした。

代用教員という制度そのものはかなり古く、明治33年の第三次小学校令に登場します。それまで様々な呼称があった無資格の教員を「代用教員」に統一しました。代用教員は、戦前の学校において重要な役割を果たしており、石川啄木《たくぼく》や新美南吉《にいみなんきち》などの文化人も一時期代用教員をしています。経済人では、東急グループを創設した五島慶太《ごとうけいた》氏も一時期代用教員をしていました。

その代用教員という制度が、敗戦直後の学校教育の壊滅的な打撃を救いました。

ある教員は戦争で亡くなり、別の教員は公職追放となるなどで、敗戦直後、学校は極度の教員不足に見舞われました。

同時に不況で就職難でもありましたから、大学を出た者が「教師にでもなるか」とデモシカ教師になったのは皆さんご存じだと思いますが、それでも教員が足りず、高卒の者を代用教員として教壇に立たせたのです。

さらに彼(彼女)らは、一定の経験と簡単な研修により正規の教員になっていきました。昭和はもちろん平成になっても、代用教員からの免許の書き換えで、そのまま先生となった人は大勢残っていました。

私も、代用教員をしていた方や代用教員から教員になった方を何人も知っていますが、彼

（彼女）らが資格を有する教員に劣ると感じたことはただの一度もありません。

無免許で教員になれるようにしろという私の主張は、一見、突拍子もないように聞こえるでしょうが、まったく変なものではありません。

今でも校長先生は無免許でもなることができます。戦争直後も無免許の者を代用教員として雇い、たいした研修もせずに正規の教員に格上げしましたが立派に務まっていました。この二つの事実から、私の主張を具現化してもほとんど弊害がないことが推測されます。

弊害はほとんどないのに対して、メリットは計り知れません。転職を希望する高学力の者は日本中に大勢います。教員がそれらの受け皿の一つになる。それは教員の学力低下という教育問題だけでなく、労働政策的観点からも有意義なはずです。

なぜ教育バウチャー制度とセットでなければならないのか

ただし、教員免許の緩和は、絶対に教育バウチャー制度とセットでなければ導入すべきではありません。その点は強調しておきたいと思います。

これからの数年間、首都圏の教員、とりわけ小学校教員の不足は危機的な状況になります。

２００７年現在でも、東京には全教員数20人未満の学校で５人以上が新規採用などという学校が生まれています。

ですから、戦争直後の代用教員を思い出して教員免許の緩和を言い出す人は私以外にもいるかもしれません。しかし、戦争直後と現在では学校を取り巻く状況がまったく異なります。

戦争直後、国家は危機でしたが、教育という面では現在のような危機はありませんでした。当時は、児童・生徒の「ガバナビリティー」（被統治能力・御《ぎょ》しやすさの意。次章で説明）が極めて高かったので、誰が教壇に立っても学級崩壊など起きなかったのです。

また、新制高校（戦後の学校制度になって以降の高校。ちなみに戦前の高校は今の大学教養課程に当たります）の卒業生の学力が、抜群に高かった訳ではありませんが、少なくとも今の大学生よりは希少性がありました。つまり、相対的な学力は当時の高卒の方が今の大卒よりも高かったのです。

10代の代用教員をいきなり教壇に立たせても混乱が生じなかったのは、このような事情に加えて、「ガバナビリティー」の問題があったからです。現在はベテラン教員でも学級崩壊させてしまう時代です。教員免許を持っていない者が、上手にクラスをまとめていけるとは限りません(もちろん、指導力やカリスマ性には天性のものがありますから、免許のない新人が、いきなりクラスをうまくまとめる可能性もあります)。

免許制度の緩和は、教員養成学部を含めた広い意味での「教育界」の外部に、教員採用試験を開放せよという主張です。それにより、教員養成学部以外の学生はもちろん、他業界からも教員採用試験を受ける転職組が大勢出てきて、採用試験の倍率が高まり、新規採用教員の学力水準が上がる。そういうシナリオです。

でも逆に言うと、そのシナリオでは新人教員の学力水準の維持しか期待できません。教員の学力水準維持は重要なことですが、それだけで学校に生起する諸問題は解決できないのです。それと同時に、ベテランも新人も、学級崩壊やいじめといった教育病理に立ち向かわざるを得ない仕組み＝教育バウチャー制度を同時に導入し、高学力の教員がさらに努力し続ける状況を生み出すことが重要です

現在は、公立学校も定員割れ私立学校もほとんど競争にさらされていませんから、学級が崩壊しても、いじめが蔓延《まんえん》しても学校運営という面では困りません。その状況を変えない限り、教育界の外部から優秀な人材を投入しても成果は限定的でしかないのです。

公立と私立の大競争時代を

この主張によってつくり出そうとしている状況、つまり、「公立学校と私立学校が強烈な競争にさらされている」「教員資格のある者もない者も同様に教壇に立っている」という状況を、かつて日本は経験したことがあります。

それは学校制度をつくって間もない明治初期の頃です。

明治期に、とりあえず江戸時代の寺子屋を小学校にして学校制度がスタートしたことは、よく知られています。

次にあまり知られていないことですが、どの学校も授業料を徴収していました。

そして、これは少し考えればすぐに想像できるはずですが、師範学校を卒業して正規の教員資格を持つ人と寺子屋の師匠だった人が、そのまま教壇に立って混在していました。

また、子供を公立学校に通わせるか私立学校に通わせるかも親の自由で、貧乏な親ほど子供を私立学校に通わせていました。というのは寺子屋色の強く残る(正規の免許を持った教員のいない)私立学校のほうが、当時は学費が安かったからです。

そして、授業料は安いけれども寺子屋の師匠しかいないので、「読み書き」「そろばん」しか事実上教えられない私立学校と、授業料は高いけれども師範学校を出た教員が、算数・国語・歴史・理科・地理など様々な学科を教えてくれる公立学校が競争する中で、ほとんどの私立学校が駆逐されていったのです。

ちなみに、公立学校の授業料が無料になるのは、明治政府が日清戦争に勝利し、賠償金を基金とし、教員給与の一部を自治体に補助するようになって以降です。この段階では、公立と私立の競争はほとんど決着していました。

ダメな私立は廃校になり、立派な私立は、たとえ公立学校の授業料が無料になっても生徒を集められるだけの基盤を築いていました。そして、公立学校との激烈な競争に勝ち抜いた学校が、現在まで名を残しているのです(中には黒柳徹子さんの卒業した「トモエ学園」のように校舎が焼けて学校がなくなっても名を残している学校もあります)。

「教育バウチャー制度」と「教員免許の緩和」で出現する状況は、以下のように明治の状況と真逆でありながら相似形をなしています。

明治初期は私立学校＝旧寺子屋が数的に優位だった状況に公立学校が参入したが、現在は公立学校が数的優位を保っている状況に私立学校を参入させることになる。

しかし、公立・私立が入り交じって競争が起こることは同じである。

明治初期は公立学校も私立学校も授業料を徴収していたが、現在は、公立学校は無料、私立学校は有料である。そして、教育バウチャー制度の導入により（それに参加する）私立も事実上無料となる。

しかし、経済的条件が双方無料で同じになるという意味では、双方有料だった明治初期と似ている。

さらなる発展への期待と不安

政府は、教育バウチャー制度の導入を真剣に検討しはじめましたが、それが導入されたあかつきには、私立学校だけでなくフリースクールにもバウチャーを使えるようにしてほしいという要望が起きることは必至です。

私は、その主張は基本的に「あり」だと思います。

教育バウチャー制度は、国民の「教育を受ける権利」を私立学校に通う子供にまで広げるという側面を有しています。それが認められるのならば、何らかの理由で学校に通えなくなった子供たちの経済的な支援も、教育バウチャー制度の中に含めてほしいという要望が生まれるのはもっともです。

しかし、ここで一点だけ注意しておく必要があります。

これは、公立学校や一部の私立学校にも言えることですが、日本は欧米と異なり、マルキストをはじめとした「政府・権力＝悪」と考える人々（いわゆる左翼）が、大勢教育に関わっていることです。

アメリカや多くのヨーロッパ諸国では、国家の転覆を意図する団体に所属する者、所属していた者は公務員や教員にはなれません。日本にも同じ趣旨の法律（地方公務員法〔第十六条五項〕、国家公務員法〔第三十八条五項〕。少なくとも公務員、つまり公立学校の教員にはなれない）はあるのですが、まったく機能していません。それは国旗国歌への態度を見れば明らかです。

最近は左翼の勢力が低下していますが、それでも、欧米とアジアでは政治状況が異なります。アメリカは長らく共産主義国家ソ連と敵対していましたし、ヨーロッパ諸国は間近で東ヨーロッパの圧制を感得できたので、欧米諸国では一般の人々のマルキシズムへの嫌悪が明確に存在します。しかし、日本では長い間、共産主義者による反日教育・反権力教育を許容していたために、その悪影響がいまだに根強く残っているのです。

それゆえ、日本の教育バウチャー制度における「規制」は、欧米のような「学力テストへの参加」と「選抜の禁止」だけでは足りません。

教育内容への最低限の規制が、どうしても必要になります。

私は、教育内容への規制、すなわち反政府・反権力的な教育をしていないかをチェックする、教育当局の指導・監督を受け入れる、という点を条件にフリースクールの参加を認めるべきではないかと思っています。もちろん、公立学校や私立学校が、教育内容の規制を受けるのは言うまでもありません。

第2章

戦後学校教育の生理と病理

――マルクス・レーニン主義の弊害を打破せよ

学校教育の生理機能とは何か？

本章では、学校教育の生理と病理について考えます。

このような視点で学校を論じている本はあまりないので、「生理と病理」と言われてもピンと来ない方がほとんどだと思いますから、その点から説き起こしていきましょう。

人の心身に起こる現象には、大別して「生理現象」と「病理現象」があります（最近は発熱のように従来「病理現象」と考えられていた症状も免疫機能の一部と考えられているので、これを厳密に分けることは困難ですが、ここでは古典的な二分法に従います）。

学校にも人と同じように、本来の活動が正常に機能している状態と、正常に機能していない状態や予期しないような事態が発生している状態があります。

私は、前者を学校の「生理現象」、後者を「病理現象」と呼んでいます。

このような呼び方をするのには、訳があります。

世の中には、学校という存在をあまりに神聖化しすぎて、少しでも学校に好ましくないことがあると、大騒ぎする人が多すぎるからです。

心身の生理現象には様々なものがあります。弱者を慈しみ、他者を愛するといった美しい側面もありますが、それだけではありません。空腹になればお腹が鳴りますし、暑いと汗をかきます。オシッコもすればウンチだってしてします。

それも含めてすべて人間の生理現象です。

私は、基本的に人間というものは、結構、素晴らしい存在だと思っていますが、その素晴らしい存在も、必ずしも素晴らしい側面だけで成り立っている訳ではないのです。

学校もそれと同じです。後で述べますが、本来、学校にはしっかりとした目的があります。その目的を果たすために学校活動が行われているのですが、人が行うことですから、何でもすんなりとうまくいく訳ではありません。

先生同士に意見の食い違いもあれば、成長過程の子供同士の摩擦もあります。親から見ると、つい文句の一つも言いたくなることがあります。でも、それが目的を成し遂げるために必要な活動の中で生じる軋轢《あつれき》ならば、親や社会はそれを温かく見守るべきです。

それに対して、学校が本来の目的を見失い、子供たちやそこに働く先生方に無用な軋轢を強要している場合、それはもはや、生理現象とは呼べません。教職員による国旗国歌への侮辱行為、十数万人にも及ぶ不登校、自殺にまで至るいじめ問題。このような事象は学校の「病理現象」として、しっかり対処しなければなりません。

そもそも学校の目的とは？

学校で起こっている事象が、「生理現象」なのか「病理現象」なのかを判断するためには、学校の目的というものがしっかりと理解されていなければなりません。まことに残念なことですが、それが戦後の日本においては、まったく理解されていないのです。

２００６年、教育基本法が改正されました。私は旧教育基本法を天下の悪法であると思っていましたので、その悪法が改正されたのは喜ばしい限りなのですが、残念ながら、改正された教育基本法にも学校の目的がぼやかした形でしか書かれていません。

教育基本法は、第一条で教育の目的についてこう述べています。

「教育は、人格の完成を目指し、平和で民主的な国家及び社会の形成者として必要な資質を備えた心身ともに健康な国民の育成を期して行われなければならない」

「国民の育成」という文言が入っているので、素晴らしいと言えば言えるのですが、これを教育一般の目的として書かれては、学校教育独自の目的が逆にぼやけるのです。

戦後の日本において、学校の目的を明確にすることはタブーなのです。

学校の目的とは何でしょう。

「友達をつくること?」「子供たちの成長を促すこと?」「給食を食べること?」

全部不正解です。それらはどれも大切ですが、学校の本質的な目的ではありません。

寺子屋でも友達はつくれたはずです。塾だって子供の成長を促すというスタンスのところはいっぱいあります。給食は保育園でも出ます。

他のところでも代替できる営みが、目的のはずがありません。

学校の本質的な目的は、たった二つです。

「一つ目は、(改正教育基本法にぼやかして記入されたように)子供を『国民』にすること」

「二つ目は、その国民を優秀にすること」

一つ目は戦後教育のタブー中のタブーなので、いきなり言われてもピンと来ないかもしれません。後で少し詳しく説明しましょう。

学校教育により人は優秀になる

学校と塾の違い

ということで、先に二つ目から。

二つ目は比較的分かりやすいのではないでしょうか。でも、二つ目もとても大切な目的です。また、それが分かっていると学校と塾の明確な違いも理解できます。

塾の目的は、「子供を『勉強のできる子』にすること」です。両者の違いを押さえておけば、学校の大切さがすっきりと理解できるはずです。

なぜ、学校では勉強だけできてトイレ掃除の当番をサボるような子供は、皆からダメと評価されるのか。なぜ、苦手な跳び箱にも真剣に取り組まなければならないのか。なぜ、音楽や美術といった教養の習得が強制されるのか。

勉強しかできない人間は、優秀ではないからです。皆が嫌がる仕事を率先して行い、たとえ苦手な作業であっても、義務づけられたものにはしっかりと取り組む。そして、教養豊かな人間である。そんな人間を大量に養成できる場所が、学校をおいて他にあるでしょうか。

塾にそんなことができますか。保育園にできますか。

国民を総合的な面で優秀にする場所は、痩《や》せても枯れても学校しかないのです（ただし、その中核に勉強があることを忘れてはいけません。その点を見誤ったのが「ゆとり教育」です）。

私が学校に向かって「痩せすぎだ」「枯れすぎだ」と文句を言うのも、学校が特別な存在だからです。

学校は世界中で愛されている

私だけでなく、日本人の多くは学校が大好きです。いや、日本人だけではありません。先進国の人も発展途上国の人もみんな学校が大好きなのです。

それは学校が素晴らしい所だからです。

最近のマスメディアでは、学校を批判する言動ばかりが目立ちますが、みんな本当は学校が好きなのです。だから「こうあってほしい」という思いが強くて批判してしまうのです。

公共施設の中で、取り壊される時に一番反対が強いのが学校です。

もちろん、学校以外でも病院や図書館などが取り壊される時には反対運動は起きます。でも、そういう施設の反対運動には迫力がありません。なぜかというと、図書館を使う人しか反対しないからです。病院は図書館に比べると多くの人が取り壊しに反対しますが、それでも(離島や僻地《へきち》を除けば)「近所に別の病院をつくる。新しい病院は施設を一層充実させる」といった代替案が出れば、反対運動はすぐに収まります。

ところが、学校だけはそうはいきません。現在、学校に子供を通わせている親はもちろんのこと、学校を卒業したお孫さんを持つおじいさん、おばあさんまで大反対になります。

私は、

「少子化が進んで、1学年に1クラスや2クラスしかなくなった都会の学校は不健全だ。子供たちのことを考えれば、学校の統廃合を進めるべきである」

「子供が増えた時には学校を建設するのだから、子供が減れば学校を廃校にするのは当然だ。一人1年に約100万円の税金をかけているにしては、学校で教えている内容はあまりにお粗末だ。学校の統廃合を進めれば、同じ税金でもっと効果的な教育ができる」

と主張しているのですが、なかなか現実はそうなりません。

それというのも、皆が学校を愛していて、自分の通った学校がなくなるのが我慢できないからです。その感情は、政治的な「右」「左」を超えて「統廃合反対」「学校存続」という力になるのです。

学校教育により人は国民になる

体験と歴史を共有する

学校教育は、世代や地域を超えた共通体験でもあります。チャイム(または鐘の音)による着席、教室の掃除、黒板拭きの当番、ニワトリのえさやり等々。こんなに多くの世代、様々な地域で、人々が同じ体験をしている事象が他にあるでしょうか。

体験だけではありません。教科の中身を通じても、私たちは同じ日本人になっていきます。例えば、北海道に住む人も沖縄に住む人も東京に住む人も、奈良時代は近畿地方周辺の出来事を歴史として教わります。同時代に、北海道にも沖縄にも東京にも人は住んでいたのですから、地域ごとの歴史(郷土史)を学んでもよさそうなものですが、そうはしません。日本という国の成り立ちを考えれば、北海道よりも沖縄よりも現在の首都である東京よりも、近畿地方周辺で繰り広げられていた出来事を、国民の共通認識としておく必要があるのです。

このような感覚は、日本に特殊なものではありません。例えば、西ヨーロッパ諸国の子供たちは、ギリシア・ローマから自国へと連なる歴史を学びます。そして、世界標準と言ってもよい価値観＝「ギリシア・ローマ発祥のデモクラシー」「ローマ発祥の法の支配」「キリスト教発祥の(神の前の)平等思想」の正当な後継者としての「ヨーロッパ人」意識が涵養《かんよう》されていくのです。

ギリシア・ローマ時代に現在の西ヨーロッパ地域に住んでいたであろう人々の歴史は、ほとんど習いません。

さらに、学校で習う「国語」によって、我々は同じ日本人となっていきます。

地方に住む中高年には標準語を話せない人が大勢いますが、標準語で書かれた書物を読めない人はほとんどいません。また、大抵の人が「地元の人間同士の濃い方言」と「よそ者にも理解しやすい薄い方言」を使い分けることができます。これらは国語教育のおかげです。

江戸時代、遠い地方の人間と会話で意思疎通ができたのは、参勤交代などで江戸に住んだ経験のある武士だけでした。東北地方の農民と九州地方の農民は会話が成り立たなかったのです。会話の成り立たない人間を「仲間」と思うのは、困難です。

国民意識とは、巨大な仲間意識に他なりません。その仲間意識の醸成に、国語教育は大きな役割を果たしているのです。

あれほど多様な価値観を受け入れるアメリカ合衆国が、ヒスパニック系アメリカ人に対して、英語教育を実施することにこだわる理由はそこにあります。アメリカはヒスパニック系アメリカ人に対し、国籍を取得するだけでなく、「アメリカ人」になってほしいと願っているのです。

国民意識とは仲間意識である

学校の目的は、「子供を『国民』にすること」と「その国民を優秀にすること」です。

こんなことを言うと、戦後教育にどっぷりと浸《つ》かった人は「森口は右翼だ」なんて言い出しかねませんが、国民が「国民意識」を持たなければ国家は運営できません。それを次に見ていきましょう。

飢餓や貧困で苦しんでいる人は世界中にいます。１日の食費が１５０円に満たない人が大勢います。言葉を換えると、１５０円あれば命を長らえることができる人が大勢いるのです。

これに対して、日本の「貧困家庭」である生活保護世帯で、1本150円のペットボトルドリンクを飲んでいる人は珍しくありません。

ヒューマニズムだけで物事を語るのならば、どちらを救うべきか答えは明白です。日本国内の生活保護の給付水準を半分に下げてでも、世界の飢餓を救うべきです。

でも、我々の多くはそんなふうには考えません。

なぜか。我々は、無意識のうちに見ず知らずの生活保護世帯の方を仲間だと思っているからです。世界の彼方で飢えに苦しんでいる人も、豊かな日本で月10万円以上の生活保護を受けている人も同じ人間です。そして、私にとっても読者の皆さんにとっても両者とも赤の他人です。

でも、我々はまず自分たちの仲間、見ず知らずの日本の仲間を救おうとする。その姿は人間として自然なのではないでしょうか。

このような仲間意識。それこそが「国民意識」です。この意識を、しっかりと日本国民一人一人が持つことは本当に大切なことであり、学校教育の第一の目的であるべきです。

それを持たない人間がどれほど醜いかを最も分かりやすく学べるのが、北朝鮮による拉致《らち》問題です。

国民意識がない人はここまで醜くなる

古い話（と言ってもまだ10年も経っていません）で恐縮ですが、Y・Sという高名な政治学者（東大名誉教授）が、朝鮮時報という北朝鮮サイドのメディア（2000年8月11日・25日合併号）で次のような発言をしました。

「『拉致疑惑』問題は、今や日本では完全に特定の政治勢力に利用されている。先日、横田めぐみさんの両親が外務省に行って、まず、この事件の解決が先決で、それまでは食糧支援をすべきでないと申し入れた。これには私は怒りを覚えた。自分の子どものことが気になるなら、食糧が不足している北朝鮮の子どもたちの苦境に心を痛め、援助を送るのが当然だ。それが人道的ということなのだ」

拉致問題が解決するまで北朝鮮支援をしないでほしいという家族に「怒りを覚える」というのは、普通の日本人には理解できない感覚です。

しかし、国民意識を持たず、国家や愛国心といったものに否定的な感情しか抱かない人からすると、こんな冷酷な発言も当然になります。

横田めぐみさんも、北朝鮮の子供も同じ人間です。そして、Y・S氏にとっては(我々にとっても)どちらも赤の他人です。「人の重さに違いはないのだから、まずは飢えていると分かっている人間に食糧を送れ」となる。

日本のインテリ高齢者の多くは、若かりし頃「マルクス・レーニン主義」という、国家や愛国心を徹底的に否定する考え方にかぶれた人たちです。

大抵の人は、現実社会を生きる中で、マルクス・レーニン主義がどれほど現実離れした思想であるか、この考え方を主張している人たちが、どれほど非人間的かを実感して改心するのですが、学者さんや学校の先生たちだけは改心する機会を得ないまま高齢者になる。そういう不幸な時代が、20世紀の終わりまで続いていたのです。

戦後日本にはびこるマルクス・レーニン主義

嬉しいことに、若い頃にマルクス・レーニンにかぶれた老人がいくら嘆いても、戦後教育の虚構から目覚めた人々は、国を愛し、日本国民としての仲間意識と誇りを持つことを異常なこととは見なしません。

戦後教育は、マルクス・レーニン主義に大いに影響を受けた教育思想ではありますが、そのものズバリではないので、毒もそれだけ薄められていて、一度そのおかしさに気づくと再び病に陥ることはありません。

これに対して、団塊の世代よりも上の先輩方を見ていて分かるのは、本家のマルクス・レーニン主義のほうは、天然痘にかかると病から生還しても一生痘痕《あばた》が消えないように、一生その悪影響が残るということです。

その残り方はそれぞれに個性的で、困ったことに本人は、マルクス・レーニン主義の悪影響だと思っていない場合がほとんどです。

ある教職員組合は、「国家＝資本家のための装置＝悪」の思考が抜けきらないために、いまだに学校行事で国旗を掲げ、国歌を斉唱することを悪いことだと思っています。

また、あるマスメディアは、「労働者＝正義、資本家＝悪」の影響で、今でも「弱者＝正義」を議論の大前提にしています。このようなマスメディアは、一部の人権団体やNPOなど「弱者を装った利権集団」のお先棒を担ぎがちです。

ただし、こういった「オールド左派」は今では圧倒的な少数派で、彼らが選挙時に投票しがちな「日本共産党」と「社会民主党」は、どの選挙でも両党合わせても10パーセント強しか得票できません(私などは、それでも10パーセントもいるのかと妙に感心してしまうのですが)。

私は、これら「オールド左派」の悪影響はそれほど心配いらないと思っています。選挙時にビラ配りをしている共産党や社民党の人を見ても、団塊の世代かそれ以上の方がほとんどで、若者はまったくと言っていいほどいません。

もちろん、日本は世界に冠たる長寿国ですから、すぐにとはいきませんが、いずれ時が解決してくれると安心しています。

それよりも困るのは、若い頃にマルクス・レーニン主義の病にかかり、ソ連崩壊や北朝鮮拉致問題などをきっかけに、一気にナショナリズムの大切さに目覚めた老人たちです。彼らは、思想的にはかつての自分を呪うようにガチガチの反マルクス主義者ですが、その人格や行動が、マルクス青年だった時代からまるで進歩していないのです。

互いの立場や考え方の違いを認め合い、冷静に議論し、時に妥協しながら利害を調整する。議会制民主主義＝近代デモクラシー国家を運営していくためには、このような態度・行動が不可欠です。そして、日本は議会制民主主義を採用する国ですから、本当はこのような態度をとれるように、子供の頃からちゃんと教育しなければならないのです。

ところが、マルクス・レーニン主義者は違います。

彼らは、「今は資本家に騙されている愚かな大衆が『目覚め』『立ち上がり』『団結し』『戦う』ことで世の中が変わる」と考えます。

そして「目覚めるための徹底的な『理論武装』」「立ち上がるための『怒りの助長』」「団結するための『異端者の排除』」「戦うための『敵の偶像化』」を行うのです。国内のマルクス・レーニン主義者も、マルクス・レーニン主義に侵された国家も、その行動パターンは変わりません。

もちろん、それがうまくいかなかったのは歴史が示すとおりです。

社会主義国家はそのほとんどが滅び、国内のマルクス・レーニン主義者は身内の些少《さしょう》な違いが許せずに、互いに憎み合い、排除し合い、時には殺し合いました。

ですが、マルクス・レーニン主義が日本社会に残した最大の禍根は、「強者＝悪、弱者＝善」といった風潮でも「革命への憧憬《しょうけい》」でもありません。ひとたびそれに罹患《りかん》した人間の人格を、恐ろしく狭量なものにすることです。

マルクス・レーニン主義に若い頃に罹患した狭量な老人たちが、ナショナリズムに目覚めて保守主義者を気取っています。

彼らは若い頃同様、仲間内の些少な違いが許せず、互いに憎み合い、排除し合います（殺し合っていないのが幸いですが）。そのためか、社会の成員は保守化しているのに、「保守主義運動」は一向に盛んになりません。

マルキストさながらに謀略を尽くし、汚い言葉でののしり合う彼らの姿を見て、私は、健全な感覚を持った人が、「やっぱりナショナリズムって変だね。怖いね」「『国が大切』とか『日本人の誇り』とか言う人たちって怪しいね」と思わないか心配でなりません。

国旗国歌問題をどうするか?

現実的な解決法

話がそれたので、学校の問題に戻します。学校の第一の目的は、これまで見てきたように子供を日本国民にすることです。

その学校で、「国旗＝日の丸は日本の侵略戦争の象徴」「国歌＝君が代は民主主義に背く歌」と教えている教員がいます。

言語道断です。そこまで行かなくても、卒業式や入学式の際に国歌を斉唱しない、国旗に向かって敬礼しない教員が大勢います。

この異常事態をどうすればよいのでしょう。

東京都教育委員会は、一つの答えを出しました。教職員全員(それまでキチンと敬礼し斉唱していた人もそうでない人も)に文書で命令を出す。従わない者は処罰する。

私は拙著『授業の復権』の中で、東京都教育委員会の手法を真っ向から批判しました。おそらく、メジャーメディアで都教委の手法を批判したのは、保守派の中では私一人だけだと思います。

ここでは、これ以上の批判はしません。その代わりに国旗国歌問題の私なりの解決方法を提示します。これから、この問題に立ち向かわなければならない教育委員会の方々や校長先生は、ぜひ参考にしてほしいと思います。

(1)まず、国旗が掲げられ、国歌が斉唱される場においては、起立し、国旗正面を向くことは国際的なマナーであることを学校関係者全員に周知します。周知方法は口頭で充分です。

(2)次に、その国旗や国歌にどのような歴史的経緯があろうとも、(1)で示したマナーに変わりがないことを教えます。拉致問題が明らかになった直後のワールドカップ予選において、北朝鮮国歌が流れる間、ブーイングすることなく起立し続けた日本人サポーターの例を出すのが、最も理解を得やすいと思います。

(3)我が国の国旗国歌に対し、教員個人がいかなる考え方を持つかは自由である。しかし、(1)(2)により、生徒の前で国際マナーに反する行為をした者は教員として失格であること。それゆえ、そのような行為をした者の勤務評定は、他にどれほど優れた面があろうとも、最低評価とすることを宣言します(処罰でなく勤務評定であるところがミソです)。

愛国心を否定する者たちの「醜さ」

「文書による命令→命令違反の指摘→処罰」という都教委的手法(これを「A手法」と呼ぶことにします)と私の主張する「国際マナーの説諭→マナー違反の指摘→最低勤務評定」という手法(これを「B手法」と呼ぶことにします)は、どこが違うのでしょうか。

第一に、子供たちへの影響がまったく異なります。

学校は教育機関です。そして、教育は教室での授業だけではありません。遠足も運動会も文化祭も、卒業式や入学式も、すべてが教育的意味を持っているのです。ですから、国旗や国歌にさしたる思い入れのない子供たち(残念ながらそれが多数派です)に、どのような教育的影響を与えるかを第一に考えるべきです。

第1章で指摘したように、「強制＝悪」という感性が根強い学校でA手法を採用すると、子供たちは「国旗国歌を尊重する側＝強制する側＝悪」というイメージを抱きかねません。これに対してB手法では、起立しない教員が「マナー知らずの先生」として軽蔑の対象になります。

第二に、中立的な教職員(主に若手)への影響も異なります。

教職員組合の強い自治体では、国歌斉唱の時に、教員は起立しないのが常でした(なんと非常識なことでしょう)。

これは別に、教職員の誰もが「日の丸は侵略のシンボル」などという主張を信じている訳ではないのです。組合所属の中高年教員が、卒業式を目前にひかえた職員会議の席上、大声で発言するから、それに怖気《おじけ》づいて起立できないだけです。

ですから、どちらかというと若手教員たちは、卒業式でシャカリキになる中高年教員に心底では冷淡でした。ところが、そういう若手教員も、「強制＝悪」という感性が根づいているので、A手法をとると、処罰覚悟で起立しない中高年を高く評価してしまいます。しかしB手法ですと、「勝手にやっていろ。俺は付き合わないから」となるのです。

というのは、最近は公務員(教員を含む)の給料も勤務評定が影響するので、毎年、入学式・卒業式のせいで、未来のある若手が最低評価を得る訳にはいかないのです。B手法下で、もしも、中高年教員が若手教員に「君たちも起立するんじゃないぞ」と有形無形の圧力をかけようものなら、「最低の勤務評定になっても生涯賃金に影響のないアンタに強制される覚えはない」と反発するでしょう。

最後に、学校は公的機関ですから、思想・良心の自由という憲法上の問題を考慮する必要があります。

私は、A手法よりもB手法のほうが妥当だと思いますが、一般的にA手法を違法だとは思いません。公立学校の教員が、自分勝手な歴史解釈により国旗を貶《おとし》め、それをないがしろにする自由を認めたら公教育は成り立ちません。

東京地裁は、都教委のA手法に対し、違法という妙な判決を出したようですが、最高裁までには覆《くつがえ》るでしょう。

しかし、例えば公立学校の教員が、たまたまキリスト教の一宗派のように、国旗を含めたあらゆる偶像を否定する宗教を信じていたとしたらどうでしょうか。この場合、A手法よりもB手法のほうが訴訟を勝ち抜ける確率は高いと予測します。

異質なものを認める度量が大切――バーネット事件から学ぶ

学校の第一の目的は、子供を国民にすることです。

しかし、デモクラシー国家は国民の有り様に対し、大きな度量で臨まなければなりません。頑《かたく》なな理想像をイメージし、それに外れたら「非国民」と非難するようでは、全体主義国家の汚名を着せられても仕方ありません。

異質な存在も、それが決定的に国家やデモクラシーに歯をむかない限り、許容するべきです。その意味で、アメリカのバーネット事件は示唆に富んでいます。

バーネット事件は、国旗国歌法の制定された頃に、国旗国歌を否定する人たちが議論をすり替えるためによく使った事例です。

判決の最終部分の「国旗敬礼と誓約を強制する地方当局の行為は、憲法の制約を超え、すべての公的統制から憲法修正第一条が保護している知性と精神の領域を侵すものであると当裁判所は考える」という部分だけを取り上げて、学校が卒業式に国旗を掲げ国歌を斉唱することが、あたかもアメリカの判例で否定されているかのように宣伝しました。

事実はまったく異なります。

バーネット事件の概要は、次のようなものでした。

第二次世界大戦中、アメリカのウェストバージニア州では、公立学校の正規課程として、国旗に右手を挙げて敬礼を行うとともに、国家への忠誠の宣誓を行うことを、教員と生徒に義務づけました。そして、義務に従わない場合は、生徒は退学処分、両親は50ドル以下の罰金と30日以下の拘置を受けることとされたのです。

偶像崇拝を一切否定するキリスト教の宗派を信仰するバーネット家の二人の姉妹は、国旗への敬礼は旧約聖書で禁じている偶像崇拝に当たるとして、起立はしたものの敬礼を拒否しました。また、国家への忠誠宣誓の朗読文についても、代わりに彼らの独自の文句を朗誦《ろうしょう》したために、学校から退学処分を受けました。そこで、このウェストバージニア州の法律が憲法違反であると訴え、勝訴したのが事件の中身です。

卒業式に国旗を掲げるな、国歌を歌わせるなと主張する人たちが引用するような事例ではないのです。

学校が卒業式に国旗を掲げ、生徒に国歌斉唱をさせることは、憲法上、何の問題もありません。また、教員に斉唱を義務づけ、違反者を処罰するA手法も合法だとは思います。しかし、だからといって、生徒や保護者の思想信条は最大限尊重しなければならない。それを忘れてはならないのです。

日本の教員たちは、デモクラシーの何たるかを何一つ知りません。教育委員会が強硬姿勢を見せれば、「上にされたことと同じように下にしよう」と、無知な校長が生徒や保護者に国歌斉唱を強制しかねません(実際、一部の学校ではそれに近い動きもあります)。

異質な者への寛容さは、デモクラシーの基本です。

バーネット事件の違憲判決が出た当時、アメリカは我が国と戦争をしていたのです。日本では、国歌斉唱どころか御真影《ごしんえい》(昭和天皇の写真)を直接見ただけで、生徒は教師にボコボコに殴られた時代です。

そのさなかに、こんな判決が出る。私は決してアメリカが大好きな人間ではありませんが、かの国のデモクラシーの奥深さを感じずにはいられないのです。

信仰上の理由から国歌斉唱はしないので、毎年勤務評定は最低評価。そのおかげで後輩よりも給料は低い。でも、式典の時の態度以外は非の打ち所がない先生。私はそんな教員が何百人に一人くらいはいてもよいと思うのです。それこそが、デモクラシー国家の学校の有り様ではないでしょうか。

非寛容は「いじめ」に直結する

私が保守派に寛容さを求め、それにこだわる理由は、戦中教育から戦後教育に一貫して流れる「非国民」排除思考こそが、昨今の教育病理の大きなテーマである「いじめ」に連なっていると考えるからです。

自分たちの主義主張・思想信条に合わないものを排除する発想は、戦後教育では「戦前のものだ」と教えられてきましたが、そんなことはありません。自分では「革新的である」「リベラルである」と認識している戦後教育の担い手＝教職員組合に盲従する教員たちによって、どれほどひどい思想強制、「非国民排除」が行われてきたか。

代表的な例を挙げましょう。

連合赤軍「あさま山荘」事件を陣頭指揮した、当時、警察庁警備局付警務局監察官の佐々《さっさ》淳《あつ》行《ゆき》氏の体験です。

ある教師(仮にS教師とします)が授業中に、

「このクラスの子でお父さんが警察官と自衛官の子供は立ちなさい」

と言い、警察官や自衛官の子供たちと顔を見合わせながら立つと、

「この子たちのお父さんは悪い人たちです。あんたたちは立っていなさい」

と発言しました。

もちろん、佐々氏のお子さんも立たされました。

佐々氏は、校長に抗議しましたが、校長は、

「日教組には私も困らされています。ですが相手が悪い。また子供さんにはね返ってもいけないから」

と言を左右にするだけです。

「では教育委員会に公立小学校における親の職業による差別として正式に提訴しますから」

と告げると、校長はS教師を家庭訪問の形で差し向けてきました。

S教師は、

「ベトナム戦争はけしからん、自民党政権は軍国主義復活を目指している。機動隊は学生に暴力をふるう権力の暴力装置だ」

と日教組の教条主義的な公式論をまくしたてます。

これに対し佐々氏は、

「私の言っているのはベトナム戦争や全共闘のことではない。貴女《あなた》は親の職業で罪のない子供を立たせるという体罰を加えたようだが、小学校教師としてそれでいいのかと尋ねているんです。反省しないなら私は教育委員会に提訴するつもりです」

と言い返しました。

S教師は、

「やるならやって御覧なさい。日教組の組織をあげて闘いますよ」

と叫びましたが、佐々氏が、

「どうぞ。私も貴女を免職させるまで徹底的にやりますよ。ではお引き取り下さい」

と突き放すと、免職という言葉にイデオロギーが負けたのか、突然S教師はフロアに土下座して、

「どうぞ許して下さい。教師をやめさせられたら暮していけませんので」

と哀願しました(『連合赤軍「あさま山荘」事件』佐々淳行著より)。

児童の親が佐々氏だったからよかったものの、こんなひどい教育が戦後かなり長い間行われていたのです。戦中でさえ、親の職業を理由にここまでひどい教師による生徒いじめはなかったでしょう。

なぜ、こんなひどい「いじめ」ができるのか。

それは、彼らが自分の正義に酔いしれ、別の正義があることに思い至らないからです。だから、「不寛容であること」と「確固とした信念があること」の区別がつかないのです。

さらに言うなら、確固とした信念がある人は、他者の間違いに寛容でいられます。辛抱強く説けば必ず正しい道に導けると信じるからです。それに反して信念の弱い人は、虚勢を張るためにますます過激になります。そして、いつも正義の最前線にいて、過激であることが「か

っこいい」と勘違いしているのです。

戦後、教育に元気のあった時代は、そんな卑しい教員がゴロゴロといました。いじめ加害者で一番たちが悪いのは、自分たちに絶対的な正義があると思っている連中です。子供の世界のいじめでも「あいつがキモイのが悪い」「先生にちくった奴が悪い」と言って、彼らは自分の行動を正当化します。

「自分は平和を求めているから偉い。自衛隊は平和の敵だ。だから自衛官の息子をいじめてもよい」という感性の教師は、そういう「いじめっ子」の原型をなしていると言っても過言ではありません。

「国民意識の涵養」を骨抜きにしてきた歴史

国旗に向かって起立し国歌を斉唱すれば、子供が国民意識を持つ訳ではありません。それは重要な一部ではありますが、それ以外にも、

(1)否定的側面に重点が置かれすぎていた歴史を、肯定的側面を中心にして教えるように改善する。

(2)日本国の領土の範囲をしっかりと教える(中学校で都道府県をすべて教えないなどということは論外です)。その際には、外国により支配されたままの領土があることも教える。

(3)国歌はもちろんのこと、国民の誰もが共通に知っている歌(唱歌や童謡)を教える。

などがあります。

このように見ていくと、学校教育が時間をかけて波状的にダメになってきたことが分かります。

歴史教育が決定的にダメになったのは、鈴木善幸《ぜんこう》首相時代に、歴史教科書の検定基準に「近隣のアジア諸国との間の近現代史の歴史的事象の取り扱いに国際理解と国際協調の見地から必要な配慮がなされていること」という、いわゆる「近隣諸国条項」が追加されたことがきっかけでした。

中学生に都道府県をすべて言えるようにしなくなったのは、1990年代末からスタートした「ゆとり教育」の時代です。

唱歌や童謡については誤解が多いのですが、音楽の教科書には、今でもしっかりと相応の数の唱歌や童謡は載っています。問題は、それを音楽の先生が軽視していることです。ですから、おかしくなりはじめた時期を特定することは困難です。

では、国旗国歌はいつから学校で大切にされなくなったと思いますか。

これは、私が国旗国歌問題で強硬策ではなく、中立的な人たちを味方につける穏健策を妥当と考える原点になった問題です。

40歳以上の読者の方は、どうか思い出してください。

小学校の運動会の開会式、国歌が流れ国旗に向かって直立不動だった経験がありませんか。国歌に合わせて、いかに上手に同じテンポで国旗を揚げるか工夫した経験はありませんか。

今の子供たちはそんな経験をしていません。なぜでしょう。それは、平成元年に学習指導要領が変更されたからです。変更前後の学習指導要領は次のようなものです。

変更前（昭和33年、昭和43年、昭和52年の学習指導要領）

「国民の祝日などにおいて儀式などを行う場合には、児童に対してこれらの祝日などの意義を理解させるとともに、国旗を掲揚し、国歌を齊唱《せいしょう》させることが望ましい」

変更後（平成元年、平成10年＝現行（2007年時点）の学習指導要領）

「入学式や卒業式などにおいては、その意義を踏まえ、国旗を掲揚するとともに、国歌を斉唱するよう指導するものとする」

平成元年に「入学式や卒業式」と明記されてしまったのです。もちろん、後ろの文言は「国旗を掲揚し、国歌を斉唱させることが望ましい」から「国旗を掲揚するとともに、国歌を斉唱するよう指導するものとする」と強固になっています。

当時のマスメディアの取り上げ方も後ろにばかり着目して、「国旗国歌の強制」「国旗国歌の義務づけ」と、右も左も反対するか賛同するかは別にして大騒ぎしました。

しかし、結局その効果は、それまで大多数の小学校でまともに行われていた、運動会の時や祝日後の朝礼時の国旗掲揚・国歌斉唱（または国歌のテープ演奏）をなくしただけだったのです。

ならば、せめてそれまで国旗や国歌をないがしろにしてきた学校はまともになったのか。

そうではありませんでした。次に彼らが始めた主張は、「日の丸は国旗ではない。君が代は国歌ではない。だから学習指導要領に国旗国歌とあっても、日の丸を掲げる必要もなければ君が代を歌う必要もない」というものでした。

学習指導要領に「望ましい」とあっても強制ではないからやらない。自分たちの気に入らない慣習法を認めない。こんな少数派の人々に付き合わされて、同次元の闘争に挑み、その結果、左派マスコミにバッシングを受け、まともだった多数派の学校から、国旗や国歌が消えていったのです。

狡猾なマルクス・レーニン主義者が許せないのはもちろんですが、一見勇ましい行いが、どのような結果を招くのかに思い至らない保守強硬派にも怒りを感じる原点は、ここにあります。

「ガバナビリティーの育成」は義務教育の原点である

ガバナビリティーが高すぎる日本

話を次に進めます。

最大規模の仲間意識である「国民意識」さえ持てば、国民になれるのか。それほど甘くはありません。次に大切なのは、国民として振る舞うことです。日本はデモクラシーの国ですから、主権者（統治者）として、また被統治者として立派に振る舞えなくてはなりません。国民一人一人がそうでなければ国家は成り立たないのです。

ところが、昨今の日本の学校教育では、「主権者としての国民」として振る舞えとは教えますが、「被統治者としての国民」の有り様（順法意識、権威を尊ぶ意識、正当な権力を尊重する意識等々）を重視しません。国民の被統治者としての能力を高めることは、主権者としての能力を高めること(社会に生起する問題に知識と関心を持ち、自分なりの判断ができる、有能なリーダーを選定できる等々)と同じ程度に重要なことです。

国民の被統治者能力を「ガバナビリティー」と言い、これは、言い換えれば、政治に対する国民の信頼を意味します。

このガバナビリティーが低いとどういうことになるかは、アフガニスタンやイラクなどを見れば明らかです。

もちろん、言葉は使い方によって肯定的にも否定的にもなりますから、「ガバナビリティーが高い」というのは「御しやすい」という側面を持っているのは事実です。

また、日本の場合、国民のガバナビリティーが高すぎるがゆえに、リーダーシップの欠落したリーダーでも組織のトップが務まり、結果的に無能なリーダーが国家・自治体・企業の上に立つという状況をつくり出しています。それが世界との競争に出遅れる一因となっているという側面も否定できません。

それでも、授業が成り立たないような一部の公立学校の現実を鑑《かんが》みるとき、私は、ガバナビリティーの重要性を、今一度見直す必要があると感じざるを得ないのです。

デモクラシーとは何か?

ガバナビリティーを高める必要があると主張すると、大抵は二つの反応が返ってきます。

第一の反応は、ガバナビリティーをリーダーシップと混同した上での賛同です。ガバナビリティーもリーダーシップも、組織やコミュニティーがまとまっていくためには必要ですが、前者は統治される側の能力(順法意識、権威の尊重、従順さ等)であり、後者は統治する側の能力(指導力、判断力、実行力等)を指しています。

第二の反応は、「従順な国民をつくり、上意下達の軍国主義的な国をつくるつもりか」という感情的な反発です。これは戦後民主主義だけが民主主義だと信じきっている教員に多いのですが、デモクラシーに対する理解の浅さゆえの反発としか言いようがありません。

私は、ビラを配って「民主主義の危機だ」「民主主義を踏みにじる暴挙だ」と騒いでいる人間(とりわけ教員)を見ると、つい、「ところで『民主主義』って何ですか?」と聞く悪い癖を持っています。

すると大抵はしどろもどろになり、「少数意見にも配慮しつつ、最終的には多数決で意思決定する、ええと……」といった曖昧《あいまい》な答えが返ってきます。

多数決はただの技術であり、デモクラシーの本質ではありません。デモクラシーの本質とは何か。それは「統治者と被統治者が同一である」という点にあります。もちろん、完全に統治者と被統治者が一致した国家など、古今東西、存在したことはありません。

その意味では、デモクラシーは常に虚構性を有しています。しかし、その虚構を人々がある程度信じることができる場合、その国家は、デモクラシー国家として正常に機能していると評価できます。これに対して、人々がその虚構を到底信じることができない状態の場合には、どれほど多数決原理が徹底していようとも、デモクラシーが作動しているとは言えません。

具体例で考えてみましょう。

A国・B国の二つの国があります。

A国の人口は1億人以上ですが、国民のほとんどが自らを同一民族だと意識しています。宗教は多様ですが、一つの宗派が実権を握り、他の宗派を弾圧するような事態は、ここ数百年起こっていません。

国民の間には、政治的論点について多様な意見が存在し、地域による意見の隔たりもほとんどありません。同一家族間で、軍事政策や経済政策など、国家の基本的な部分で意見が異なるということもざらで、それゆえ誰もが多少の不満と満足を併せ持っています。

ただし、政治的意思決定のすべてに多数決原理が行き届いている訳ではありません。国のリーダーを直接選ぶことはできず、選挙で選ばれた立法府のメンバーによる多数決で決めるのが常道ですが、「禅譲《ぜんじょう》」といって従前のリーダーが次のリーダーを決定することもあります。何より、国家の基本である憲法の改正を発議するためには、国会議員の3分の2の賛成が必要です。

B国の人口は1千万に足りませんが、80％強は自分をフツ族、20％弱が自分をツチ族と意識しています。外見からフツ族とツチ族を区別するのは困難で、両者が話す言語も同じです。宗教はフツ族・ツチ族ともにキリスト教が多数派ですが、土着の宗教を信じる人々も大勢残っています。

数十年前に内戦があり、どちらの民族も他方から虐殺されました。

数年前に、先進国からの支援を受けるために西洋型の政治システムを導入したところ、議会の議員がほぼ全員フツ族になるという事態が発生しました。というのは、ほとんどの地域でフツ族・ツチ族が混在して住んでいるため、平等選挙では80％以上を占めるフツ族しか当選できないのです。国のリーダーは、直接選挙で選ばれたフツ族の重鎮が務めています。重要な政治課題は国民による直接投票で決定しますが、多数決で決めるためにツチ族の主張が通ることはありません。

B国の多数決原理はA国よりもはるかに徹底しています。しかし、どちらの国民が「我が国はデモクラシー国家である」と思っているでしょうか。答えは明白です。

A国は日本、B国はアフリカにある架空の国です。

デモクラシーが浸透していない国家でガバナビリティーを重視することは危険です。B国でガバナビリティーを主張することは「ツチ族は黙って支配されていろ」と主張するのと同義です。

しかし、日本は今や世界でも稀有《けう》なデモクラシー国家です。その日本のデモクラシーを維持し、一層発展させるためには、揺らぎつつあるガバナビリティーを見直す必要があるのです。

「主権者としての国民の再生産」が学校の最重要目的

日本国憲法の三大原則の捉え直し

「国民意識（大きな意味の仲間意識）を育むこと」「ガバナビリティー（被統治能力）を養うこと」と並び最も重要なのは、「主権者としての国民を再生産すること」です。

前の二つは戦後教育では無視され続けてきたので、あえて強調するために先に論じましたが、日本はデモクラシー国家ですから、「子供を国民にする」という文脈では、何と言っても「主権者としての国民を再生産し続ける」ことが学校の最重要目的です。

そして、主権者としての国民とは、日本国憲法の三大原則である「国民主権」「基本的人権の尊重」「平和主義」の意義と重要性を認識し、個々の政策課題を理解し、有能なリーダーを選出することのできる人間を指します。

ところが、日本の学校教育は、戦後初期の段階で日教組というマルキシズムを信奉する集団にジャックされてしまいました。それによって「国民主権」「基本的人権の尊重」「平和主義」が彼ら流に読み替えられてしまったのです。

ですから、憲法改正も大切かもしれませんが、まず何よりも先に始めるべきは、学校教育において「国民主権」「基本的人権の尊重」「平和主義」の意味を真っ当なものに捉え直すことです。

国民主権の捉え直し

マルキストにより読み替えられた三原則の中でも、とりわけひどいのが「国民主権」です。彼らはそれを「民主主義」と表現し、「何でも多数決で決定すること」と捉え直しました(それゆえ、私は彼らの「民主主義」と近代国家の国民主権を区別するために、常に「デモクラシー」という言葉を使います)。

これによって、「学校運営は職員会議の多数決で行うのが民主的」「学級運営は生徒の多数決で行うのが民主的」といったように民主主義の大安売りが起こります。職員会議では校長を吊るし上げる発言が横行し、教室では、古文の解釈を多数決で決めるような授業まで行われる始末でした。

では、マルクス・レーニン主義者はなぜ民主主義と多数決を同義と捉えるのでしょうか。それは、彼らの信奉する「民主主義」が、「民主集中制」という近代デモクラシーとは別のシステムだからです。

ソ連が崩壊してしまったので、「民主集中制」のスタイルを最も古典的に残しているのは中華人民共和国です。以前はよくテレビニュースの映像に映っていたのでご存じの方も多いと思いますが、中華人民共和国では、それぞれの地域から選出された代議員が人民大会に出席します。人民大会では、執行部(共産党)が用意した1年間の国家運営方針が説明されます。そして、最後に執行部の国家運営方針に賛成か反対かの多数決がとられます。

論理的には執行部の国家運営方針が否決される可能性もあるのですが、執行部の方針に反する人間は、最初から代議員に選ばれませんから、ほぼ全員一致で執行部の国家運営方針が可決されます。これによって、執行部の運営方針がすべての人民の意思を集約したものだと擬制《ぎせい》され、共産党による独裁的な政治運営が「民主主義に基づいている」ことになります。

これが彼らの言うところの、そして学校で教えられているところの「民主主義」の正体です。

公立学校の内情をご存じない方は、にわかに信じられないと思いますが、教職員組合は、2007年現在でも人民大会とほぼ同じスタイルで「組合員の意見が集約され」「民主的」に運営されています。もし、知り合いで教職員組合に所属している教員がいれば聞いてみてください。大抵、人民大会と同様に、執行部原案が修正されることなく全員一致で決まっていると答えてくれるでしょう。

近代デモクラシーでは、多数決の前に、そもそも各人が自由意志を表明できる状態でなければなりません。精神的自由の確保は、多数決に先立つ基本原則です。ところが、マルクス・レーニン主義者の信じる民主主義では、共産党により大衆を目覚めさせることが自由意志に優先します。なぜなら、共産党により覚醒する前の大衆の自由意志は資本家に騙された状態にすぎないからです。

平和主義の捉え直し

平和主義も国民主権以上に意味が違いますが、これはあまりにメチャクチャなので、学校教育では表面化していなかったように思います。先に紹介した佐々氏のご子息が体験した教員による「いじめ」のベースには、マルキスト特有の平和主義が存在することは確かです。

彼らの平和主義は正確には「反帝平和主義」と呼ばれる考え方です。今でも、市民運動を自称する人たちが平和運動と称してバラまくビラに「反帝国主義」と併記されることがあります。その場合も考え方は同じです。

では、反帝平和主義とはどういう考え方か。

まず、彼らは、現代の戦争を資本主義国家による植民地収奪戦争であると考えます。ですから、武力や戦争には、「植民地を収奪しようとする武力・戦争＝悪」と「植民地から自分たちを守ろうとする武力・戦争＝善」が存在することになります。そして、資本主義国家の武力・戦争が前者であり、社会主義国家の武力・戦争を後者と考えるのです。

さすがにこの考え方を堂々と主張するのは、21世紀にははばかられるようですが、この考え方が基本にあると分かると、アメリカの軍艦が寄港するだけで大騒ぎする人たちが、北朝鮮が核実験をやっても何も「運動」しない理由が氷解します。

ここでは、そんな考え方の教員に「平和教育」をさせることの恐ろしさを皆さんに分かってもらえれば充分なので、次に行きます。

基本的人権の捉え直し

最後に「基本的人権の尊重」については、マルクス・レーニン主義者の主張もメチャクチャという訳ではありません。むしろ、世界の趨勢《すうせい》が変わっているのに、あえて古典的発想に固執しているという印象です。

というのは、人権思想の根底には「国家＝危険」という発想があるからです。ご承知のように、近代デモクラシー国家は、18世紀末に絶対王政国家を打倒して誕生しました。それゆえ、このスタイルの国家が誕生した当初、英雄は監獄と隣り合わせでした。ですから、人権思想には「国家による人権侵害からいかにして身を守るか」という発想が脈々と流れているのです。憲法に刑事手続法的な条文がたくさん載っているのは、そのためです。

しかし、デモクラシー国家が生まれて２００年以上経った現在、国家は国民から厚く信頼されており、人権の侵害主体としてだけではなく、保護主体としても評価されています。刑事法については厳罰化が世界の趨勢ですし、刑事手続法でも、おとり捜査など、従来、人権侵害の恐れがあるとして否定されていた手法がどんどん取り入れられています。

ところが、マルクス・レーニン主義者は、いつかこの近代デモクラシー国家を転覆させようと考えている人たちですから、どこまで行っても厳罰化やおとり捜査には反対です。彼らには、「国家＝危険」という古典的な人権思想がとても居心地がよいのです。

しかし、時代遅れの発想を押しつけられる子供はいい迷惑です。現実の学校では、このマルクス・レーニン主義者の発想が「いじめ加害者の人権保護」につながっているのですから。

当たり前のことを当たり前に

国民は国家の主権者です。

ですから、まず第一に、自分たちが運営する国＝日本を愛し、その文化と歴史に誇りを持つ。

この国をつくってきた先達に敬意を持つ。

次に、主権者の素養として、「近代デモクラシーにおける国民主権の意義」や「基本的人権の現代的意義」を理解し、「実践的に平和を維持するための手法」を考えられるようになる。

さらに、ひとたび主権者として1億2千万分の1の権限を行使した以上は、国家の一員としてガバナビリティーを発揮する(具体的には国民の三大義務＝「教育」「勤労」「納税」の義務をしっかり果たすことが第一歩でしょう)。

以上を理解し実行できる大人に育てることが、「子供を国民にする」ということです。

思えば本当に当たり前のことです。その当たり前のことを怠ってきたのが、今までの我が国の学校教育でした。

今、安倍政権が本気になって学校教育を立て直そうとしています。政権発足後直ちに教育基本法を改正しました。教員免許の更新制度も導入されるでしょう。総理の『美しい国へ』を拝読しましたが、趣旨には全面的に賛同します。

しかし、一つだけ注文があります。

教育再生会議のメンバーに、教育学者と公立学校の教員を入れてほしいのです。こんな注文をしなければならないことは、本当に不自然なことだと思います。教育であれ何であれ改革をしようと思えば、改革を推進する組織のメンバーに①「現場を代表する者」②「研究者」③「分野外の有識者」の三者を入れるのは常識です。

現場の医師も研究者もメンバーに入っていない組織に医療改革ができるでしょうか。政治家の意見も政治学者の意見も聞かずに、政治改革ができるでしょうか。

教育は、まさしく「当たり前のことを当たり前にやればよい」だけなのです。

そのためには、音頭をとる人の人選も当たり前でなければなりません。

私がメンバーの人選に危惧《きぐ》を覚えたのは、2006年の暮れに「いじめ自殺」が連鎖的に起きた際、教育再生会議から出された緊急提言を見た時でした。

子供たちの自殺を前にうろたえる気持ちは分かりますが、あの提言はあまりにお粗末でした。その内容は、出席停止の積極的な実施など、行政サイドの役割を明確化しないのにもかかわらず、学校にだけ毅然《きぜん》とした対応を求める不公正なものでした。

学校現場を知り、かつ骨のある人が一人でもいれば、あそこまでオロオロした提言を出すことはなかったでしょう。有能な教育学者が一人でもいれば、もっとしっかりと論点が整理されていたはずです。

いじめであれ、不登校であれ、落ちこぼれ問題であれ、すべての学校病理に対処する際に忘れてはならない原則があります。

それは、病理現象を抑えるために生理現象を犠牲にしてはならない、ということです。ガンを治すために患者を死なせては元も子もありません。同じように、いじめをゼロにするため、不登校をゼロにするため、落ちこぼれをなくすために学校が自殺してはならないのです。

有能な現場の先生や教育学者は、常に病理と生理のバランスに配慮しています。

そして、子供たちは、大人がバランス感覚を持っているか否かを、常に見極めようとしています。

自殺騒動が起きると必ず送られる自殺予告手紙は、大人が学校病理に対処する心構えができているか否かを探る、子供からの挑戦状と言えるでしょう。

第3章

若手教員を生かす現場の知恵

座談会

若手教員をどう育てるか

本章では、「若手教員の育成」をテーマに話を進めます。

まず、読者諸氏に学校教育現場の現状を知ってもらい、それを踏まえた上での、効果的な具体策を理解していただくため、現役の教員お二方と、著者森口の対談を収録しました。

参加者は、石井たけし先生(仮名)、春野若菜先生(仮名)で、お二方と著者とは、「日本人としての誇りを育てる授業」をテーマに、一緒に研究会を開いている勉強仲間です。

石井先生は、昭和43年千葉県生まれ。大東文化大学文学部教育学科を平成3年に卒業して、某県の小学校教諭になって16年目の中堅教員です。2冊の著作があります。春野先生は、昭和39年生まれ。国立大学(旧一期校)の教育学部卒で教員経験は19年になります。途中、1年間、文部科学省に出向していました。小学校低学年向けの著作があります。

お二方のお話から、学校現場の空気感、若手教員育成の現状、現状を変える具体策の方向性などを感じ取っていただければと思います。

若手教員の特性

森口　「若手教員をどう育てるか」というテーマですが、まず「今時の若い先生はこんなに立派」という例はないでしょうか。本書の趣旨は、「若い先生たちこそ日本を再生できる」なので。

石井　私は森口さんとの勉強会以外にも、いくつかのセミナーに顔を出しているのですが、自分が講師を務めたセミナーで出会った先生で、すごくやる気のある若い人がいました。

彼は教師になって3年目ですが、セミナー終了後に、私が実践している授業をぜひ自分もやってみたいと声をかけてきまして。すぐにメールのやり取りを始めました。それで、私が授業のパワーポイントとワークシートを送ると、自分なりにそれをアレンジし、子供たちに授業をする。また、その結果をまとめ、実践報告まで付けて私に返してくれる。

春野　やっぱり先生になっても学び続ける姿が大切ですよね。私の教え子にも、今、中学校の先生をやっている人がいるのですが、先生になってからもいろいろと相談に来ます。先輩教員に学ぼうという姿勢がはっきりとしています。それと、若い先生に共通する有能さは、やはり事務処理能力の速さとパソコンをはじめとした情報ツールへの精通でしょうね。

森口　元学校事務職員としては、先生方の事務処理能力が高くなるのは非常にありがたいんですが、事務屋じゃないんだから、それだけじゃあねえ……。でも、最近は先生たちも教室より職員室内での有能さが評価される風潮があって、事務処理能力の高い先生が大きな顔をしている傾向がありますよね。

石井　はい、それが若手教員から謙虚さを奪う一つの理由になっているのかもしれませんね。

若手教員が生活指導をする際のコツ

森口　次に生活指導の問題なのですが、私は、これが若手教員にとって大きな負担になっていると思うんですね。教科学習なら大学で勉強してきた訳ですから、まあ最初から何とかなるにしても、生活指導はやはり人生経験とかが問われるでしょ。

石井　確かにそうですね。

森口　その上、今は、家庭が決して協力的とは言えないじゃないですか。よく若い女性の先生なんかは保護者から、「子供を育てた経験もないくせに」なんて言われたりするでしょ。春野さんなんてそんな経験しませんでしたか。

春野　私は幸いその手のことを言われたことはありませんが、やはり若い頃は生徒の母親が「自分よりも年上」「人生経験がある」「子育てをしている」という点から、引け目を感じることがあったのは事実です。最近は、母親と年齢が変わらなくなったので、引け目も感じませんが(笑)。

あと、知人は、理想に燃えた発言をしたら、「なに言ってるの、先生。子供を育てれば分かるわよ」と言われたことがあったそうです。ただ、それは昔の話で、若い先生をバカにするというよりも、温かく見守るという雰囲気での発言だったとは言っていましたが。今の親には、残念ながら先生を温かく見守り育てるという余裕はないですね。

森口　それはそうでしょうね。学校に限らず、今では企業でさえ新人を育てようという風潮はなくなりましたからね。いきなり即戦力、ダメなら辞めろという風潮が社会全体に蔓延しています。だから、本当に真似でもいいから他人のいいところを盗むしかない。

そこでお聞きしたいのですが、春野さんが生活指導で心がけているのはどのような点ですか。

春野　私はとにかく、生徒のいいところを保護者に伝えて、それでも保護者から、「先生、そうは言っても何かあるんじゃないですか。悪いところがあったら教えてください」と言ってきた時点で、初めて学校で起きた様々なその子の問題を伝えることにしています。

石井　うまい。女性の先生に対する母親の反発というのはベースにあるから、それは反感を買わない上手な手法ですね。

春野　それでも、調子に乗ってあまりズバズバ言うと逆効果になることもありますよ。もちろんそうならないように気をつけますが。

森口　本当にいろいろ気を遣《つか》っているんですね。子供でも保護者でも、最初は共感から入らないと絶対こちらの言うことをきいてくれないというのはあると思います。私は勉強会では「強制の大切さ」を説いていますが、生活指導ではそれは無理です。春野先生の、「いいところを伝えるところから始める」という手法は、何か苦い経験があって学んだのですか。

春野　経験という訳ではないのですが、私は、保護者に逐一、学校であった出来事、特に悪い点を、わざわざ電話している教師(新規採用されて間もない頃の先輩教師)に共感できなかったんです。学校外で生徒や保護者をコントロールすることなどできないし、親は否定されることをものすごく嫌がりますから。

いじめを防ぐ教師のスタンス

森口 これも生活指導と関連すると思うのですが、最近また「いじめ」が問題になっています。お二人は「いじめ」にはどう対処されていますか。

石井 私は、まず子供たちに「クラスメートでも気の合わない人間がいるのは当然だ」ということを伝えます。「みんな仲よく」なんてきれい事は子供たちの心に届きませんから。

森口 先生が本音で話すことは本当に大切です。特に小学校の場合、「みんなで仲よく」圧力が強いので、石井先生の言葉は子供たちには新鮮だったと思いますよ。

石井 いじめに類する問題は誰にとっても難しい問題ですから、先生も逃げがちです。私の知っている例では、学年主任のベテラン教師が自分のクラスで靴隠し事件が起きた時に、自分のクラスの問題ではなく学年全体の問題にして逃げましたから。

森口 問題をわざと広げて争点をぼやかして逃げるという手法ですね。役人もよく使う手です。

石井 クラスで靴隠し事件が起きれば、犯人は99パーセント同じクラスにいます。だからクラスの課題として自分が受け止めなくちゃいけない。なのに学年全体集会なんて開いて、子供相手につまらない正論ばかり吐いている。でも、そんな手法じゃ絶対にいじめは収まらない。「このクラスの友達の靴がなくなったのですから、普通、犯人はこの中にいます」と断言して子供を少しばかり脅《おど》かすくらいの器量がなければ教師は務まりません。

森口　いや、ごもっともです。

石井　教員は基本的に「いい人」が多いのですが、「いい人」というだけの人が多い。でもそれだけじゃダメなんです。

森口　それはそのとおりです。では、靴隠しで学年全員を集めてくだらない正論を吐いた先生はどんな話をすればよかったのでしょう。石井先生が「子供を脅すくらいでなければ教師は務まらない」と言うのはもちろん分かりますが、クラス全員であれ、学年全員であれ、モノ隠しやもっとひどいいじめが起きた時には、ありきたりの正論じゃなくても、何か子供に説かなきゃならないでしょ。

石井　それは、春野先生お得意の……。

春野　「武士道」ですか？

森口　そう言えば、先生の「武士道」の授業はいじめ問題がきっかけで始まったんでしたね。

道徳授業と教師の価値観

春野　はい、そうです。クラスでいじめが起きた時に「いじめは卑怯《ひきょう》だ」ということを子供たちに実感してもらいたくて、道徳の時間を使って卑怯や正義についての授業をしました。その時に倫理観のベースになったのが、新渡戸《にとべ》稲造《いなぞう》の『武士道』です。

森口　新渡戸稲造の『武士道』は現在何度目かのブームが来ています。ただ、ブームが来ると必ずケチをつける人が出てくるもので、「新渡戸の『武士道』は虚構にすぎない。実際の侍は非常に合理的でエゴイスティックで儒教精神のかけらもなかった」なんてことを言う人がいます。確かに中世から戦国時代にかけての武士は極めて合理的で、主君も平気で裏切るし、後世の「正義」とはかけ離れた存在です。

春野　それは知っています。武士道の源泉は仏教・神道・儒教などにありますが、これがある程度体系化されたのは江戸時代に入ってからですから。世の中が落ち着いてようやく武士の心得が「士道」として体系化されてきて、それが結実したのが新渡戸の『武士道』だと思っています。

森口　私もその捉え方にまったく同感です。大体、思想というのはある時代の末期やある時代が終焉《しゅうえん》を迎えてから結実するものなのです。そういう意味で平安末期から江戸時代まで存在した武士の心の有り様が、明治期に『武士道』にまとめられたのは自然なことです。

石井　時代が終焉してから思想が結実するというのは、ほかに具体的にはどんなものがあるのですか。

森口　例えばギリシア哲学がそうです。ソクラテス、プラトン、アリストテレスと続くギリシア哲学の黄金期は、ギリシアの衰退期と重なっています。ソクラテスは、腐敗したポリスによって処刑されました。その孫弟子のアリストテレスの時代は、ギリシアはアレクサンダー大王の支配下です。でも、だからといって彼らの哲学を虚構とは言わない。新渡戸の『武士道』も同じです。

石井　なるほど、言われてみるとそうですね。

森口　ただ、道徳授業は何かとイチャモンがつきやすいので、「新渡戸武士道」の虚構性を批判してくる人とかがいるんじゃないかと思いまして。

春野　とんでもない。私の道徳授業への批判は、もっともっと次元の低いところです。

森口　というと。

春野　「君の道徳授業は単なる価値観の押しつけにすぎない」って。「そんなのは道徳の授業ではない」と言われました。

森口　大人が子供に価値観を押しつけないで、どうやって道徳律が成り立つと思っているんでしょうね。

春野　ですよね。しかもそれを私に言ったのが校長先生ですよ。

森口　「強制＝悪」という日本の学校の中だけでしか通用しない「自己責任なき自由主義」が、ここでも元凶になっているんですね。私はこの「強制＝悪」という感性を叩きつぶさない限り、学校はまともな生活指導も道徳授業もできない、いや、別の章で明らかにしていますが、学力をつけることさえ困難だと思いますよ。

春野　なんか、こんなことを言うと森口さんの怒りに油を注ぐようですが、実は「正義」の授業をする時に「武士道」という言葉を使わなかったのです。

森口　どうして。

春野　残念ながら道徳の授業に「武士道」という言葉を使うと、校長や他の教員から批判されるのが我が県の実情なのです。特定宗派の教義を教えることと武士道を教えることの違いさえ分かっていない、というか、分かっていても「思想の強制だ」と言う人がまだまだ学校には大勢いるんです。

40代、50代教員の困った性癖

森口　「道徳の時間に武士道を教えたら思想の強制」なんてチャンチャラおかしいよね。大体、強制を否定して道徳が成り立つと思っていること自体が何も分かっていない証拠じゃない。

石井　今の40代、50代は「強制」以外に「競争」も大嫌いですね。

森口　何せ寺脇研さんを筆頭に、ゆとり教育を推進した世代ですから。具体的にはどんなことがあるんですか。

石井　例えば、音楽集会では、私が教員になった15〜16年前なら学級ごとに発表するのは当たり前でした。しかし、学級ごとに歌うことで比較されるのが嫌なため、学年合同で歌うことにしたり、ひどい場合は行事そのものをつぶす教員がいます。

森口 それが大抵40代、50代だと。

春野 はい。教員というのは身分上下のない世界ですから、逆に年齢が大きな意味を持ちます。今の学校は50代のおばさん先生が仕切っていることが多くて、彼女たちは自分のプライドを守るためには何でもします。

森口 それが競争的な行事をつぶす方向に向かう訳ですね。

春野 そうだと思います。それと50代は大量に採用された世代ですから数が多いんです。

石井 教員の世界は政治の世界以上に「数は力」ですから。

森口 教員の世界には、何でも多数決で決めるのが「民主的」だと信じている輩《やから》が多いからね。「卒業式で国旗を掲げない」と(教職員の多数決で)決めて、教育委員会から「国旗を揚げろ」と指示が来ると「民主主義を踏みにじる」とか叫ぶんだ。あの感覚は学校で働いたことのある者にしか理解できない感性でしょうね。いずれにしても、無能な人間が、年齢と数にものを言わせて「強制」と「競争」を排除しようとするのが今の学校だということですね。

石井 今の学校というよりも、中高年教員に任せておくとそうなるということです。

森口 音が同じなんだけど、彼らは「強制」は嫌いですが「共生」という言葉は大好きですよね。

石井　はい、でも50代の教員が「共生」という言葉を使う時はとても危険です。森口さんが『戦後教育で失われたもの』で指摘しているように、戦後教育というのは左派全体主義教育ですから、「共生」という言葉を使って何でも統一しようとするんです。

森口　へえ、例えば何を統一するの。

石井　あらゆるものです。音楽会で歌う歌から運動会の競技の練習方法まで、学校行事的なものについては一切、先生の個性を認めないし、授業の進度なんかも同じじゃないと気が済まない。不思議なことに、「みんな一緒」を強制する時は、彼らの強制嫌いはどこかに吹き飛んでいるのです。

春野　私の学校では、それこそ授業中に使うプリント、教室に貼《は》る掲示物、宿題まで学年で統一したがる人がいます。

森口　競争を恐れる人は、他人が工夫すると出し抜かれた気がするんでしょうね。

春野　そう思います。私は今の教科書は少しレベルが低すぎるので、漢字なんかは早く教えるほうがいいと思い、学年の最初のほうで全部読めるようにしておくのですが、そうすると、50代の教員から「保護者が不安がるからやめてくれ」と言われました。

森口　なんか、悲しくなるくらい次元が低いね。
石井　極論すれば、中高年はいいです、もう。どのみち、あと10年もすればみんないいなくなるんだから。問題は、そんな教員に教育を受ける子供と、その姿を見て育つ若手教員です。

初任者研修に手を抜く管理職の実態

森口　では、その若手教員をどう育てていくべきかという点について、お話を伺いましょう。
石井　教師育ても子供と同じで、初めが肝心です。いかに最初に刷り込むか。ある教頭先生に聞いた話ですが、挨拶ができなかったり、礼儀を知らない若手教員には、初めにガツンとやるんだそうです。すると一発でよくなる。でも、それが通用するのは採用1年目のそれも早い時期だけだそうです。
森口　なるほど。
石井　私は、それを聞いた時、「子供の指導と一緒だ」と思いました。小学校でも、初めの3日間、1週間がとても大切です。この時期に、ルールやマナー、約束事などをしっかりと刷り込めないと、1年間の学級経営は厳しいものとなるのです。優しいだけの先生のクラスは、見た目には分からなくても、隠れ学級崩壊状態になっていることが多くて。

森口　先生も、初めは子供と同じですからね。

石井　そうです。基本的なことができていないのであれば、誰かがビシッと指導しないと、それを引きずったまま、２校目、３校目と異動することになります。それは彼(彼女)にとっても不幸なことです。

春野　確かに石井先生の言う「最初にガツン」というのは挨拶や態度といった基本的なもの以外でも重要だと思います。自分自身の経験で恐縮ですが、私は最初に赴任した学校で3年間、毎年毎年５本の指導案(注1)を書き、教育委員会から講師を招いて指導助言をしていただきました。３年間でほとんどすべての教科の指導案、授業展開を見ていただいたと思います。

森口　最初の3年間で指導案15本というのは驚異的な数字ですね。

春野　ありがとうございます。でも、もっとやっている学校もあるくらいですから。15本というのはたいしたことないんですよ。その時、校内の先生も授業を参観してくれ、その後の討論では厳しい指導があり、その時は泣きたいほど辛い思いもしましたが、今ではとても感謝しています。

森口　先生たちって、普段は馴《な》れ合っているくせに、研究授業とかになるとやたら厳しいからね。

春野　でも、最近はそうでもないんです。だって、「校内研究」(注2)と初任者研修を兼ねるなんてことが、まかり通っているんですから。

森口　それ、どういうこと？　まったく意味が分からないんだけど。だって、校内研究というのは、その学校独自の授業研究でしょ。初任者研修とは目的が違うし、そもそもレベルが全然違うはずじゃない。

春野　そのとおりです。ところがですね、本音としては校内研究をやりたい先生はあまりいない訳ですよ。

森口　それは分かる。先生たちって意外と授業研究に熱心じゃないよね。

春野　ええ。それで、新人を学年の代表にあてがって校内研究をさせるんです。そして、それをもって初任者研修授業としてしまう。そうすれば、学年の中堅の先生が研究授業をしなくて済むじゃないですか。

森口　うまい、というか、そんなことを管理職は認めているの？　あと、レベル的には大丈夫なんですか？

春野　それが、管理職も初任者研修は面倒なのか、校内研究と兼ねることを承知しているんです。もちろん、初任者だけではレベル的におぼつかないので、指導案は学年みんなで分担します。指導案というものは本来クラスの実態によって違うはずなのに、項目ごとに書いて、持ち寄るのです。

森口　出たっ、「何でもみんなで」主義。

春野　ですから、初任者が一人で指導案を書き、授業をするという経験がなくなっています。私は、教務主任や初任を抱えた学年主任が、自らの授業を見せたり、指導案を書かせたり、もっと積極的な授業研究をすべきだと思っているのですが。

石井　私もそう思います。それと、教務主任や学年主任の問題だけでなく、やはり新人は力のある先生と組ませるべきです。最初の学校では、力のある先生のやっていることの意味を半分も理解できないかもしれません。でも、次の学校、2校目に異動した時に、自分の周りにいた先生方のやっていたことがどういうことだったのか、理解できることがあります。私自身の経験で言うと、それがかなり役に立ちました。教員の世界では「初任の学校でその先生のこれからが決まる」という言葉があるのですが、あながち、うそではありません。

森口　まったく同感です。おそらくどんな世界でも言えることでしょうね。

(注1)教師は一コマ一コマの授業について、どのような目的でその授業を行うか、どのように発問するか、どのような理解へと生徒を誘導するか等について、事前に企画を立てている。その企画案を学校では「指導案」と呼んでいる。

(注2)学校では、授業方法や生活指導の手法などについて、各校が毎年テーマを定めて模索・実施している。それら一連の活動を「校内研究」という。

新人に担任を任せてはいけない

春野　ちょっと大げさな提言をしたいのですが、私は、そもそも大学を出て教師になって「はい、あなた今日から○年○組の担任ね」なんて時代じゃや、もうないと思うんですよ。そんなのじゃなくて、1年間のお試し期間を設ける。採用された後の1年間は担任を持たせずに、学年付きとしていろいろな雑務、教材づくり、事務的なことの見習いなどをさせる。学年主任を中心に、教員の然るべき姿勢や指導方法を教え込む。1年の見習い期間を終えて、次の4月から学級担任となる。

森口　いいですね、それ。先月まで大学生だった人にいきなり担任を持たれるのは、親の立場としても不安ですから。

春野　それで1年経って、自分に教師が務まるかどうかを見極めさせればいい。辞めたい人は、ここで辞めればいいんです。最近は、学校現場がどのようなものかまったく分からずに教員に採用される時代じゃないですか。

森口　採用試験の倍率がどんどん落ちていますからね。

春野　そう。今までは、メチャクチャな高倍率でしたから、講師という立場で採用試験の勉強をしながら現場で経験を積む人が多かったのですが、今はそうじゃありません。

森口　私は、採用試験の倍率が低くなって教員の資質に危険信号がともっている問題で、極めて大胆な解決策を考えているのですが、その解決策との関係でも、今の春野先生の意見は参考になりますね。それは、「教員採用試験から教員免許の要件を外す」というものです。

石井　ええっ!?　それはいくらなんでも大胆すぎませんか。

春野　これまでの教員制度の根幹が崩れますよ。

森口　まあ聞いてください。お二人には悪いけど、教員養成学部って入学試験のレベル的には決して高くないですよね。それなのにどうして教員のレベルを一定水準以上に保てたのかというと、それはベラボーに倍率の高い採用試験のおかげで、教員志望者がよく勉強したからです。教育学部の学生は本当によく勉強します。おそらく文系では一番でしょう。ところが、肝心かなめの教員採用試験の倍率が、ここのところ著しく下がっている。

石井　それは分かります。でも、だからって免許のない人が教壇に立つのは納得できないなあ。

森口　だから春野先生の案が有用なんです。春野案は、要するに「見習い採用」システムでしょ。そして「見習い採用の段階で、教員に向かないと自覚した者は辞めろ」と。だったら、発想を一歩進めて「見習い採用には教員免許は不要」としてもいいじゃないですか。それで教員に向いていると自覚したら免許を取ればいい。この時に、教員免許法改正案（第166回通常国会で成立の見通し。2007年5月末時点）の「教員免許の更新制度」を有効に活用するんです。例えば、「採用試験合格時に代用教員免許を交付し、免許更新時に有資格者よりも多くの時間、講習を受けることで、それが本免許に切り替わる」とか。

「教員免許の更新制度」を生かすには

石井　森口さんは「教員免許の更新制度」を支持しているのですか。「講習を何十時間も受講しなければ免許が更新できない。逆に講習さえ受ければ免許が更新できてしまう」という考え方は異常だと思いますよ。

森口　異常というより、現場をまったく分かっていませんね。まあ政治権力を持っている人が学校現場を分かっていないのは、今に始まったことではないですから。

特に右派はひどい。「学校の常識は世間の非常識」です。そして世間の常識を学校に押しつけるのが右派で、学校の非常識な部分を大げさに宣伝し、自分たちの運動に利用するのが左派です。方向性は右派のほうが断然正しいと思うけど、やり方は左派のほうが圧倒的にうまい。だから学校の中ではいつまで経っても右派は主流派になれない。先生たちの心に響かないんです。

イメージで言えば、学校というダメな子を頭ごなしに叱りつける父親が右派で、「この子はいい子です。この子がダメなのは○○のせいです」と絶叫してかばうのが左派。その子のどこがどのようにダメなのか、その原因は何か、どうすれば更生できるのかを冷静に観察して判断しなければいけないのです。

石井　おっしゃりたいことは分かります。私も保守派の一人として安倍政権には大いに期待していたのですが、２００６年に出た「いじめの緊急提言」といい、その後の「免許更新」といい、本当にがっかりです。

森口　いやいや、免許を更新制にすることに大きな意味があるのです。更新の手法、「講習を何十時間受けさせるか。試験を再受験させるのか。能力のない教員や思想偏向している教員は更新時に全員クビにするのか」といった問題は技術的な問題であって、後からいかようにでも変更可能です。私は安倍政権の功績は極めて大きいと思いますよ。でも、相当鬱憤《うっぷん》がたまっているみたいですから、聞いておきましょうか。

石井　私は、こと小学校においては「全学年を担任できない場合は免許更新しない」とすることが、ダメな教員排除の第一歩だと思っています。

森口さん、学級担任ってどのようにして決まるか知っていますか。

森口　おおよそ分かっているつもりですが、念のため説明してもらえますか。

石井　まず、教頭から来年度の学担希望調査票が渡されます。そこに第3希望まで書いて提出した後、校長と面談をします。ここで、リーダーシップの弱い校長になると、ごねた者勝ちになります。自分がやりたくない学年、学級経営の点でも授業内容の点でも難しい高学年や問題児のいる学年から外れるために、我がままな教員ほど必死に校長を説得します。「誰が何年生である」という情報も、どういう訳か一般の教員にもれてきます。つまり、「校長が学校経営を考えて学級担任を配置する」なんていうのは建前で、実態は「何人かの教員の我がままで決まる」ということも少なくありません。自治体によって多少の差はあるでしょうが、これが現実です。

森口　まあ私の見聞きした現実も、今、石井先生が説明してくれたのと同じようなものでした。

石井　それでね、私は担任決定における校長の義務と権限を拡大させるべきだと思うのです。例えば、「音楽専科の先生などを除いて、すべての教員は10年間の中で全学年を受け持たなければならない。校長は、受け持たせなければならない」と義務づけておく。そして、その義務を怠った校長は処分対象とし、その義務を怠った教員の免許は更新しない。これくらいやらないと、ダメ教員は排除できません。

森口　う－ん、それはどうだろう。やっぱり低学年向きとか高学年向きとかあるじゃないですか。

石井　小学校の教員免許は全学年ですよ。高校の数学の教諭も、本音を言えば、幾何《きか》が得意な人もいれば代数が得意な人もいます。だからって「俺は幾何しか教えたくない」と主張して、毎年、幾何しか教えない教員がいたら、その人の免許は剝奪《はくだつ》すべきでしょ。

春野　私は初任の時から、学年希望には「一任」と書くようにしています。やはり、最初の学校で指導されました。「人事は、できるできない、好き嫌いではないのだ」と。

森口　ごもっとも。あと、免許更新時にぜひやってほしいのは、「国旗への敬礼」と「国歌斉唱」を行うことの宣誓ですね。それをしない者は免許更新しないとか、私立学校限定免許にする。自動車のオートマ限定みたいなものです。これをちゃんとすれば、各自治体が不評を買って強硬な手段をとる必要はなくなります。

春野　公立公務員になったということは、国の定めるところに従う義務があるということだと思います。給料だって半分は国から頂いているということを忘れてはいけないと思います。

森口　いや、まったくそのとおり。教育政策を考える人は、教員は左翼ばっかりだと思っているみたいだけど、中堅・若手の先生には春野先生みたいな方もいっぱいいることをぜひ分かってほしいですね。

民間授業研究が若手を育てる

石井　話を戻しますが、私が免許更新制、特に「講習を何十時間も受けろ」という制度に批判的なのは、役所の計画する研修会で、実践にすぐ使えるようなものがほとんどないからです。制度として義務づけるのは難しいと思いますが、若手教員は民間の授業研究団体やサークルが主催するセミナーに参加するべきです。

森口　それは、本当にそう思いますね。日教組の功罪はいろいろありますが、いや、ほとんど罪ですけど、唯一の「功」は授業研究が盛んに行われたことですね。それが最近めっきりと元気がなくなっています。

石井　やはり、若手教員に必要なのは、すぐに実践に移せる知識と、経験から得られる自信です。すぐ実践させ、できたことを実感させ、自信をつけてやる。あくまでも日々の実践を大切にさせることが、若手教員を育てる近道です。

森口　我々がやっている「日本人としての誇りを育てる授業づくり」セミナーにもぜひ参加してほしいですね。

若手教員育成の困難さを解析する

さて、前節の座談会での議論を踏まえた上で、雑駁《ざっぱく》ながら私なりに新人教員を育成する際に考慮すべき事項を付言しておきたいと思います。

新人を育成することはどんな世界であれ大変なことですが、教員の新人育成には次の理由から特別な大変さがあります。

（1）新規採用当初から一人前の「先生」として扱われる

これは教員育成では常に問題とされていることです。会社員でも、公務員（教員以外の）でも、通常は先輩に就いて「見習い」として仕事を覚える期間があるものですが、教員には、実質的な「見習い」期間がまったくありません。

授業はもちろん、生活指導、成績管理、保護者との対応など、採用されたその日から一人前の「先生」として扱われます（上司である校長、教頭からも「先生」と呼ばれます）。

（2）専門性と適格性の齟齬《そご》

教員養成大学としては最も権威ある大学の一つである、東京学芸大学の鷲山《わしやま》恭彦《やすひこ》学長は、「教員養成課程あるいは教員養成大学院では、専門性を身につけることはできても、適格性を身につけることや、適格性があるかどうかの判断をすることはできない」と指摘しています。これは極めて重要かつ的確な指摘です。

（３）習得技術と職務に必要な技術の齟齬

拙著『授業の復権』を、教員養成課程のテキストとして使ってくれている大学の先生方がいます。また、自分で買って感想をブログなどに記してくれる学生さんもいます。

それで、改めて実感したのですが、本書でも指摘しているように、教員養成課程では、いまだに「新学力観」が圧倒的に優勢で、児童・生徒の興味・関心をかき立てる授業だけがよい授業と考えられているようです。

しかし、この考え方が公立学校の現実には通用しにくいことは、私が様々なメディアで指摘してきたとおりです。

つまり、教員養成課程で習得させている技術と、現場で職務を遂行する上で必要な技術に、大きな齟齬があるのです。

（４）見習うべき対象の喪失

新学力観が学校に与えた打撃でもう一つ大きかったのは、ベテラン教員が「見習うべき対象」として認識されなくなったという問題です。彼らが現場で継承してきた授業技術は「旧学力観」に由来する技術として排斥されました。その後遺症が今でも学校には残っています。

(5)能力序列フィクションの欠如

一般の企業では、平社員よりも課長、課長よりも部長のほうが有能であるというフィクションが成り立っています。しかし、学校にはこれに類するフィクションは存在しません。授業や学級運営がうまい校長や教頭は大勢いますが、彼らがその地位にあるのは試験に合格したからであり、教諭としての実力が高かったからではありません。それゆえ、授業や学級運営に悩んだ時に、上司が相談相手という風潮が学校にはほとんど存在しません。

「条件付き採用」と「スーパーティーチャー」を有効活用せよ

さて、以上の要因をつぶすことは、すなわち若手教員育成のために必要なことになります。

(1)については法的には整備済みです。公務員は皆そうなのですが、試験に受かって採用されても、最初は「条件付き採用」といって一人前に扱われません。条件付き採用の期間を滞りなく勤務して、初めて本採用になります。

また、通常の行政系公務員の仮採用期間が6カ月であるのに対して、教員の仮採用期間は1年になっています。ですから、座談会で春野先生が言っているように、担任を持たせず「お試し期間先生」として扱うことは可能なのです。

そして、条件付き採用の段階で教員としての適格性を判断し、不適格な教員は本採用にしなければ(2)の問題は解決できます。

実際に、東京都では「条件付き採用制度」を有効に活用し、平成18年に2000名程度採用された教員の中で、不適格な教員10名弱を1年で退職させています(この数が多いか少ないかについては議論の分かれるところです)。自治体が勇気を持って法を適正に運用すれば、早い段階で不適格教員を排除することは充分に可能なのです。

最後に問題になるのが、誰の下で修業させるかですが、私は新人育成に「スーパーティーチャー」を活用することを提案します。

最近、優秀な教員を優遇しようという気運が盛り上がり、現場にいながら校長や教頭並みの待遇を受ける「スーパーティーチャー」という制度ができました(この制度を導入するか否かは都道府県の判断に任されています)。しかし、役割が明確でないのと、呼称が仰々しいために、現場には戸惑いがあるようです。

そこで、「スーパーティーチャー」制度を利用しながらも、自治体の中ではもう少し遠慮がちな呼称にして、人数も教頭並み(1校に1名または2名)に、大勢つくる。現在のスーパーティーチャーは1都道府県に数人から十数人といった超難関ポストで、まさしくスーパーティーチャーになっています。

私がイメージするのは、先生の親方「マイスター」です。

そして、スーパーティーチャー（マイスター）に指定された人は、通常の教諭の仕事に加えて、毎年、新人を育成し続ける役割を担う。

これによって、(3)から(5)の問題もおおむね解決できるはずです。

マイスタースタイルが若手教員を救う

この際、最も問題になるのは誰がスーパーティーチャー（マイスター）を決定するかです。

校長や教頭を決定する時のように、教育委員会に権限を持たせても、彼らに授業や学級運営能力を判定する力があるとは思えません。校長に権限を与えても恣意《しい》的《てき》な選定が横行するでしょう。

同僚の力量は同僚が一番よく分かっているので、本来ならば教諭間の投票が一番よいのですが、そうすると組合の専横が発生するのは目に見えています。

私の試案は、次のようなものです。

(1)客観条件を制定し、恣意的な選定を排除する。

具体的には、三つです。

①授業を受け持つクラスの平均点が全国・都道府県・市町村・校内のどの平均点よりも高いこと(全国一斉学力テストの実施により、この判定が可能になりました)。

②過去10カ年連続して学級担任を引き受けており、かつ、年度途中の担任交代がないこと(担任交代の表向きの理由は「体調」であることが多いのですが、ほとんどが学級崩壊です)。

③直近の5カ年のいずれかの年に、最高学年のクラスを担当していること(小中高どの学校においても最高学年が最も学級運営が困難な学年です)。

①により客観的な授業力の高さが、②により学級運営能力に支障のないことが、③により

学校運営に対する責任感が証明されます。

(2)客観条件をクリアした者から校長が教育委員会に推薦する。

(3)教育委員会が推薦者の中から選定する。

若手教員育成の危機は、教員が技術者であることを忘れ、戦後教育の理念の提唱者になった時から始まっていました。ですから、ベテランが技術者としての誇りを自覚し、若手に自らの技術を伝承するというスタイルを取り戻すことこそが、優秀な若手教員育成の第一歩になるはずです。

技術の継承をする者、それは天才しかなれない「スーパーマン」ではなく、真摯《しんし》な努力を続ければ多くの人がなることのできる「マイスター」なのです。

あとがきにかえて

今こそ、学校教育「V字回復」のチャンス

教育界の2007年問題

数年前から世間では、2007年問題が話題になっています。「団塊の世代が一度に大量に退職することで、それまで企業に蓄積していた技術が継承されずに途絶えてしまう。さあ困った」という訳です。

教員の世界にも、2007年問題は大きな影を落としています。ただ、他の世界と異なり、「団塊の世代の技術が継承されない」という危機感は、ほとんどありません。

第1章で見たように、団塊の世代の大量退職により教員不足が生じ、教員の大量採用をせざるを得ない。しかし、従来の制度のまま大量採用に踏み切ると、「教員のさらなる学力低下」「将来の多大な人件費」という問題を抱えてしまう。

これが、教育界における2007年問題の正体です。

それに対する解決策は第1章で示したとおり、「教育バウチャー制度の導入」と「教員免許制度の緩和」です。

これによって、教員免許という学校教育界の参入障壁が取り払われます。現在、学力優秀で教える意欲のあるビジネスマンや行政マンが「教える職業」に就こうと思うと、塾や予備校の講師しかありません。それが、学校と塾の教育力をますます広げています。教員免許の緩和(採用時には不要とし、次回の更新までに取得を義務づける)により、学校は塾・予備校との人材獲得競争に参入することが可能になり、教員の資質(学力)は確実に向上するでしょう。

教える技術の不足については、教員との座談会の中で述べたように、「最初は学級担任から外す。学年付きにし、雑用から覚えさせる」といったことを1年もすれば、充分、先輩から学べると思います。

また、そうすれば新規採用教員の年齢構成はバラバラになりますから、「後々、人件費の負担で大変になる」というリスクも抑えることが可能です。さらに、教育バウチャー制度を導入して子供一人当たりの財源を一定額に定めておけば、安月給の教員が大勢で少数の子供を教えるか、高給取りの有能な教員が一人で多人数を受け持つかは、それぞれの学校や自治体が決めればよいことです。1学級の最大人数を40人とする今の法律を変える必要はありません。

私が学級人数にこだわるのは、このまま放っておくと次のような最悪のシナリオに向かう危険性が高いからです。
(1)団塊の世代が大量退職する。
(2)現行制度のまま、低学力の教員が大量発生する。
(3)経験が浅く学力の低い教員の大量発生により、学級崩壊が今以上に多発する。
(4)2007年以降に大量採用した教員が、一層の少子化によりだぶつく。
(5)学級崩壊の責任を「子供の変容」に求め、「今の子供たちを見るのに40人学級では無理」という世論を煽《あお》る。
(6)余った教員対策と学級崩壊対策を「30人学級」で片づけようとする。
(7)学級崩壊の原因は学級人数ではないので、問題は解決されず税金投入額だけが増える。しかも、無駄な財政支出は数十年間(2007年新規採用者が退職するまで)解消されない。
以上が、私が予測する最悪の近未来です。
2007年問題の対応を誤ると、取り返しのつかないことになるでしょう。

団塊の世代の喪失そのものは福音である

他業界の2007年問題と比較して、学校教育界の2007年問題は、本来、極めて対応しやすいはずです。それは、団塊の世代から受け継いでおくべきテクニック等が、ほとんどないからです。

戦後の学校教育は、戦前の師範学校の授業テクニック（教育技術）という伝統をすべて否定してきました。そのあたりは、「教育技術法則化運動」（注）をされてきた向山《むこうやま》洋一氏が一貫して批判してきたところです。

そして、団塊世代もその上の世代も授業テクニックを伝承してこなかったがゆえに、ある世代の教員が退職しても、それ自体は痛くも痒《かゆ》くもないのです。これは団塊の世代に限ったことではありません。

教員の世界は、最初から一人前に扱われる異色な世界です。昨日まで大学生だった人がいきなりクラス担任になることも当たり前でした（最近は、自治体によっては多少、見直されています)。

その上、学級運営も授業も手探りで、せいぜい組合主催の教育研究全国集会くらいしか新人が学べる場所はありませんでした(そのあたりの事情は『授業の復権』に詳しく書いたので参考にしてください)。最近は教育委員会主催の研修も企画されていますが、どれも教員からはすこぶる評判が悪く、「使えるもの」はほとんどありません。

そういうことで、結局、「教わる価値のある人は世代に限らず退職すると惜しいし、教わる価値のない人は退職しても、他の人を雇って頭数さえ補えばよい」というのが、教員世界の実情です。

一方で、団塊の世代の大量退職は、授業テクニックとは比べものにならないほど大きな福音を学校にもたらします。

それは、学校におけるマルクス・レーニン主義者の壊滅です。

断言しましょう。2007年から10年もしない間に、マルクス・レーニン主義を核とした「戦後民主教育」の牙城《がじょう》だった日教組は崩壊するか、大きく方向転換するでしょう。

理由は簡単です。本気で日教組の言うことを正しいと信じている人は、団塊の世代より上にしか存在しないからです。後の世代は99パーセントが付き合いです。組合に入っているのも付き合い、卒業式や入学式の際に起立しないのも付き合い、職員会議で校長先生に悪態をつくのもただの付き合いにすぎません。

団塊の世代が今では最年長で人数も多いから、下の世代は付き合っているのです。でも彼らが退職すれば、世間とずれた思想を信じているふりをする必要はなくなります。若い教員は、みんな教職員組合のビラを読まずにこっそり捨てています。２００７年以降は堂々と捨てるようになるでしょう。そして、次には「ゴミになるから配らないでください」と主張し、「入っていても意味がないから組合を辞めます」となるのは必然です。

団塊の世代の大量退職により、世間の感性と教員世界の感性は近づきます。学校教育は、大量採用による「教員の学力低下」と「数年後の人件費負担増」という課題さえクリアすれば、Ｖ字回復するでしょう。

(注)師範学校から受け継がれてきた授業テクニックを、「法則」として具現化することで、現代に甦らせようとする運動。

民間校長・民間教頭への期待

学校を正常化するには、学校管理職の問題も避けて通れません。

２００７年現在、多くの自治体が流行に乗って民間校長を採用していますが、どの校長も大変な苦労をしています。

大阪では、教育委員会の支援のなさをなじって退職した民間校長がいました。広島では、自殺した民間校長もいました。これらの方々は、苦労している民間校長たちの「氷山の一角」でしかありません。

彼らは、未開の地に布教に来たカソリック宣教師のようなものです。言葉も通じない（教員世界も他の世界同様、隠語がたくさんあります）。文化もまるで違う。本部（教育委員会）からの支援も乏しい。そんな中で彼らは孤軍奮闘しているのです。

ただ、民間校長と宣教師の大きな違いは、悲壮な覚悟の有無です。宣教師は初めから地の果てに行く覚悟を持って赴任しましたが、民間校長の中には、「厳しい民間の管理職をしてきた俺に、甘い学校の管理職が務まらない訳がない」と高を括《くく》っていた人も少なくないはずです。逆に言えば、宣教師並みの悲壮な覚悟を持って民間校長になられた方だけが、学校改革に成功しているのでしょう。

ただし、2007年問題を機に大量の校長・教頭が退職しますから、そこに大量に民間校長や民間教頭を投入すれば事態は変わってきます。

若い教員たちは、「自分たちが生き残るためには『学校』が変わらなければならない」と自覚しています。

団塊世代の校長・教頭たちには、管理職の仮面をかぶったマルクス・レーニン主義者も少なくありませんでしたから、教育委員会の言うことには面従腹背《めんじゅうふくはい》であることが常でした。もちろん、教員向けのポーズとして、学校では「面従腹背」的言動をしていた校長も大勢いたでしょう。それが、声の大きい団塊教員を抱えた学校をうまく運営するための術《すべ》だったからです。

ただし、それは中堅・若手教員のやる気をそぐという副作用とセットでした。

そこに民間から「本気」の管理職を投入すれば、中堅・若手教員はきっとやる気を取り戻すに違いありません。「教員免許の緩和」という施策を同時に行えば、彼らはますます刺激を受けてガンバルはずです。

　これからの民間校長・民間教頭は16世紀の宣教師ではなく、明治日本のお雇い外国人になれるのではないか。そのためには大量の採用(少なくとも学校数の3割程度)が必要ですが、それによって学校が正常化するなら安いものです。校長は原則55歳以上1校限りというルールにでもしておけば、後々の人件費負担もありません(特別有能ならば再任用すればよいのです)。

「教育界に外部の血を入れて正常化しよう」という発想は昔からありました。しかし、おっかなびっくりで民間校長を採用しても、彼らを無駄死にさせるだけです。学校管理職が量的危機を迎える今こそ、大量に投入して一気に学校文化を変えるべきです。

　学校には、明治期の青年のように「志」を持った中堅・若手教員が大勢います。民間から優秀な人材が学校に大量に入り、彼らが一層覚醒すれば、学校は明治期の日本のように大躍進を遂げるでしょう。

　私は、学校に「文明開化」が来る日が待ち遠しくて仕方ありません。

【参考文献】

『資本主義と自由』　ミルトン・フリードマン著　熊谷尚夫訳（マグロウヒル出版）
『分権・生涯学習時代の教育財政』　白石裕著（京都大学学術出版会）
『学校って何だろう』　苅谷剛彦著（筑摩書房）
『学校選択と学校参加』　黒崎勲著（東京大学出版会）
『地方教育費調査報告書』（各年度）文部（科学）省
『学制120年史』文部省
『偏差値は子どもを救う』　森口朗著（草思社）
『授業の復権』　森口朗著（新潮新書）
『戦後教育で失われたもの』　森口朗著（新潮新書）
『いじめの構造』　森口朗著（新潮新書）
「日本翻訳ジャーナル」2007年1月／2月号（日本翻訳連盟）

森口 朗（もりぐち・あきら）

1960年、大阪府生まれ。教育評論家。東京都庁職員。中央大学法学部卒業。東京都庁に入り、下水道局、衛生局勤務。95年、都内の小学校に転出。養護学校、都立高校を経て現在は再び東京都庁に勤務。著書に『偏差値は子どもを救う』『授業の復権』『戦後教育で失われたもの』『いじめの構造』などがある。

「森口朗の日記」
http://d.hatena.ne.jp/moriguchiakira/

教師《きょうし》は生《う》まれ変《か》わる
――教育現場を変える新しい考え方

2007年6月29日　初版第1刷

著　者　森口《もりぐち》　朗《あきら》
発行者　本地川 瑞祥
発行所　幸福の科学出版株式会社
〒142-0051 東京都品川区平塚2丁目3番8号
TEL(03)5750-0771
http://www.irhpress.co.jp/

印刷・製本　中央精版印刷株式会社

落丁・乱丁本はおとりかえいたします

ISBN 978-4-87688-577-0　C0037